LE GOÛT DES MOTS

UNE COLLECTION DIRIGÉE PAR PHILIPPE DELERM

Les mots nous intimident. Ils sont là, mais semblent dépasser nos pensées, nos émotions, nos sensations. Souvent, nous disons : « Je ne trouve pas les mots. » Pourtant, les mots ne seraient rien sans nous. Ils sont déçus de rencontrer notre respect, quand ils voudraient notre amitié. Pour les apprivoiser, il faut les soupeser, les regarder, apprendre leurs histoires, et puis jouer avec eux, sourire avec eux. Les approcher pour mieux les savourer, les saluer, et toujours un peu en retrait se dire je l'ai sur le bout de la langue – le goût du mot qui ne me manque déjà plus.

Ph. D.

Vincent Duluc est journaliste sportif au sein de la rubrique football du journal *L'Équipe* depuis 1995. Auteur de nombreux ouvrages, il intervient également régulièrement dans des émissions de débats télévisés (*100 % Foot* sur M6, *On refait le match* sur RTL ou *L'Équipe du Soir* sur la chaîne L'Équipe).

Vincent Duluc

LES MOTS DU FOOTBALL

INÉDIT

Préface
par Philippe Delerm

Points

isbn 978-2-7578-8221-4

Préface

Le football a de la chance d'avoir Vincent Duluc. Le foot a beau être un sport universel, il est possible de l'honorer avec pour armes la finesse, l'intelligence, la créativité. C'est ce que faisait naguère sur les terrains le joueur espagnol Andrés Iniesta. Vincent Duluc est l'Iniesta de la plume. On connaît son visage, on le voit à la télévision argumenter avec ses pairs, compétent et discret, sans esbroufe. On le lit surtout. *L'Équipe* a de la chance d'avoir Vincent Duluc, dans la tradition des journalistes-écrivains dont Antoine Blondin demeure l'archétype. Quand il écrit des livres, Duluc reste souvent dans le monde du football, en apparence. Comme dans le magnifique *Un printemps 76* qui, au-delà de l'épopée des Verts de Saint-Étienne, dit tellement sur la société et sur l'adolescence. Depuis longtemps, je rêvais de le voir entrer dans la chair des mots du football, en prise directe avec ce langage du sport qui fait sa vie, et la nôtre. Il le fait ici avec tout son humour et sa délicatesse. La collection « Le Goût des mots » a de la chance.

Philippe DELERM

Des types en short

Des types qui courent en short après un ballon. L'expression est fondée : ils courent, et ils sont en short. C'est d'abord parce que, en pantalon, ce n'est pas pratique. Ils courent parce qu'un match est une conquête et que le temps est compté : cela semble au moins une métaphore de quelque chose de plus vaste. Enfin, ils courent après un ballon parce que le ballon est rond et qu'il ne s'arrête pas facilement. S'il était carré, ils courraient moins, mais ils auraient l'impression de jouer aux dés sur un grand tapis vert. Le ballon est leur lien, mouvant, comme la vie.

Nos contempteurs moquent notre passion pour ces types qui courent en short. Ainsi passent-ils à côté des personnages et de leur histoire : ces types-là ne sont pas seulement des gagnants du Loto qui n'auront jamais à travailler s'ils ne sont pas trop bêtes, ce qui élargit à la fois, du reste, le champ des possibles et de la narration. Ils sont des personnages de séries, et les épisodes précédents nous ont attachés à eux. Avant chaque match, on pourrait même faire les présentations comme une bande-annonce de TF1 qui donnerait envie de regarder sa série d'été du lundi soir. Nous nous intéressons à celui qui avait une chance sur cinquante mille d'arriver là, à celui qui fait vivre deux villages en Afrique, à celui qui vit une histoire d'amour avec une actrice – ce qui fait penser que ces gens-là doivent beaucoup s'aimer eux-mêmes pour avoir besoin que l'autre soit aussi célèbre –, à celui qui est alcoolique, celui qui triche sur son âge, celui qui ne s'est jamais vraiment remis de sa blessure, celui qui est en train de se déshabiller de sa grâce, dans l'abandon de la légèreté et la découverte de la pesanteur.

Ils courent en short, mais pas n'importe où. Le foot est un spectacle géométrique pour ceux qui n'en comprennent pas l'histoire. On occupe des zones comme à la bataille navale, on essaie de cacher ses navires en masquant son véritable objectif sous le mouvement général. Le foot, c'est l'histoire de la construction d'une équipe et d'une ambition commune, c'est la stratégie à long terme, c'est l'intelligence, ou non, de cette entreprise globale, la rencontre aléatoire de la réflexion, de la planification et de la chance, le sentiment que se joue un destin qui va dépasser ceux qu'il choisit et noyer ceux qu'il repousse. C'est souvent une histoire clanique : c'est toujours nous contre les autres, mais cela dépend du nous, et cela dépend des autres. Ce sentiment d'appartenance est une manière de dessiner une identité et de fixer des racines, généralement à jamais. Les Anglais disent que l'on peut changer de boulot, que l'on peut changer de femme, mais que l'on ne peut pas changer de club. Bien sûr, ce n'est pas une raison pour se battre avec ses adversaires, et ce n'est pas non plus une raison pour boire autant avec tout le monde. Cela tombe bien : en général, ce n'est pas la raison, justement. Ce n'est pas le foot qui fait boire les supporters. C'est la pauvreté et le chômage. Mais chacun, évidemment, a le droit de choisir d'oublier où se situe la magie et où se situe la responsabilité.

À vous Cognacq-Jay

Le pouvoir de l'image, dans l'émotion sportive, est inséparable du pouvoir du commentaire, du moins du commentaire de l'instant, depuis ce stade lointain, à une heure depuis si longtemps attendue. Ces mots deviennent magiques d'avoir été prononcés dans le temps et le feu de l'action. Il faut parfois aller si vite que la pensée s'embrouille, et quand il s'agit de Thierry Roland, on lui pardonne tout, parce que sa voix de titi parisien est une madeleine qui fait défiler une vie, la nôtre, cependant qu'il s'emballait, contestait, raillait. Il allait si vite qu'en finale du 100 m féminin des Championnats du monde d'Helsinki, en 1983, la sprinteuse américaine Evelyn Ashford, soudain claquée, avait été « fauchée comme un lapin en plein vol ». On comprenait l'idée. Pour l'image, bien sûr, c'était plus difficile.

Ce qu'il reste de ses mots, c'est un « salaud », dans l'expression « Monsieur Foote, vous êtes un salaud », un jour de 1976 qu'un arbitre écossais aussi étrangement nommé avait sifflé un penalty imaginaire contre l'équipe de France de Platini à Sofia, dans un match de qualification pour la Coupe du monde 1978. S'il n'y avait eu que cela, ce cri du cœur chauvin et indigné, cela aurait été un peu court, jeune homme, même si l'histoire avait eu droit à deux post-scriptum. D'abord sa mise à pied par Antenne 2, le lendemain, puis sa réintégration le surlendemain, après que des dizaines de milliers de lettres de soutien étaient arrivées au siège de la deuxième chaîne de la télévision française.

Ce qui reste, au-delà de « Monsieur Foote, vous êtes un salaud », c'est la suite, à entendre avec un accent populaire venu des faubourgs parisiens de son enfance et de la fréquentation des salles de boxe enfumées. Pour comprendre l'histoire, il faut savoir que le penalty bulgare sera manqué. C'est même un élément essentiel de ces mots du foot sans nul autre pareil.

Avant le penalty : « C'est pas possible ! C'est pas croyable qu'il accorde un penalty là-dessus… C'est invraisemblable ! À deux minutes de la fin de la partie… Je n'ai vraiment pas peur de le dire, Monsieur Foote, vous êtes un salaud ! »

Après le penalty, alors que le Bulgare Bonev a manqué la cible : « À côté ! À côté ! Eh bien, il y a vraiment un bon Dieu croyez-moi ! » Il faudrait décrire le silence, le moment précis où l'on imagine que Thierry tente de se contenir, à moins qu'il ne cherche une vacherie. Mais, franchement, il n'a pas l'air de la chercher vraiment : « Quel scandale cet arbitrage, c'est invraisemblable ! » Trois secondes de blanc, et le verdict : « Jamais vu un individu pareil… Il devrait être en prison, pas sur un terrain de football. »

Les mots du foot sont ce qu'il reste, même sans l'image, des grands moments du jeu. Les trois commentateurs historiques des matches de l'équipe de France, ces quarante dernières années, ont chacun une phrase associée à une Coupe du monde disputée par les « Bleus » sous leur règne.

Il y a d'abord Thierry Roland, donc, à la fin de la victoire de la France face au Brésil (3-0) en finale de la Coupe du monde 1998 : « Je crois qu'après avoir vu ça, on peut mourir tranquille ! Enfin, le plus tard possible. Ah ! C'est superbe ! Quel pied ! Oh putain ! »

Il y a, ensuite, Thierry Gilardi, disparu en 2008, quand il découvre le ralenti qui atteste que Zidane a adressé un coup de tête à Materazzi pendant la prolongation de la finale de la Coupe du monde 2006 que la France va perdre aux tirs au but face à l'Italie (1-1) : « Oh, Zinédine, oh, Zinédine, pas ça pas ça, pas ça Zinédine ! Oh non pas ça, pas aujourd'hui, pas maintenant, pas après tout ce que tu as fait ! »

Il y a, enfin, le commentaire à chaud de Grégoire Margotton, au cœur du moment qui a modifié le destin de l'équipe de France pendant la Coupe du monde 2018, alors qu'elle était menée par l'Argentine en huitième de finale. Quand il prendra sa retraite, on lui rappellera qu'il a crié « second poteau Pavaaard », en étirant le *a* du moment où il avait aperçu le défenseur français démarqué, effectivement au deuxième poteau, jusqu'au moment où le ballon repris de volée a terminé dans la lucarne du gardien argentin. Mais ce sont les rediffusions du but qui ont rendu l'expression célèbre. Sur le moment, personne ne l'a entendue : tout le monde était en train de crier.

Séries
(de victoires)

Le foot aime assez les chiffres pour aimer les séries. Avant, à la Une de *L'Équipe*, jusqu'au début des années 80, à peu près, s'installait un encart publicitaire consacré au challenge Ackermann. Il s'agissait de souligner la meilleure série de victoires consécutives en championnat de France de Division 1. C'était avant que la Division 1 s'appelle la Ligue 1, et avant que l'on fasse remarquer à ceux qui écrivaient dans le journal que *consécutive* avait un autre sens, qu'il valait mieux écrire *de suite, de rang, d'affilée.* À la fin des saisons d'avant, donc, le club qui avait remporté le plus de victoires consécutives, enfin, d'affilée, s'adjugeait le challenge Ackermann. Il est peu probable que les vainqueurs en aient conçu le moindre tour d'honneur.

Dans les colonnes noir et blanc de *L'Équipe*, le challenge Ackermann avait pour voisin l'exploit Kriter de la semaine, ce qui récompensait la meilleure performance des sept jours écoulés, une victoire, un but, un record, et ce qui dessine une époque. Mais au-delà du rappel que la loi Évin interdit la publicité pour l'alcool depuis 1991, on peut imaginer que le football des loges et des VIP s'enticherait moins de vins mousseux, aujourd'hui, et qu'il lorgnerait le champagne, plutôt. C'est possible, bien sûr, mais, en même temps, nous parlons ici d'une activité qui a vendu la Ligue 1 à Conforama, et sa dernière Coupe de la Ligue à BKT, une marque de pneus de tracteurs et d'engins de chantier. C'est probablement le talent de ce jeu que de savoir vendre du rêve en restant près de son public.

Séries
(feuilleton)

C'est une manière d'expliquer la récurrence, la fidélité et la compulsion. Pourquoi nous en sommes là, cinq minutes avant l'heure, trois fois par semaine. Dans *Grey's Anatomy* ou les *Feux de l'amour*, tout le monde sait où il en est, saison 5, épisode 12. Dans notre vie en ballon, c'est pareil : saison 27, épisode 42. Et on ne sait jamais comment ça finit. Mais on n'a pas la musique, à la fin, pour réfléchir ou être ému après une phrase lue par la voix off qui semble avoir trouvé la bonne formulation par enchantement, alors que six types se sont enfermés pendant trois heures pour la trouver. La musique, en fait, donne le temps de comprendre ce que la voix off vient de dire, de réfléchir, et de penser qu'une série qui vous donne le temps de réfléchir ne peut pas être une mauvaise série.

Nous, à la fin des matches, c'était Thierry Roland qui réfléchissait à haute voix. Mais, au moins, il réfléchissait tout seul. Il n'y a jamais eu personne pour écrire ses aphorismes à sa place. Il a trouvé tout seul qu'il y avait toujours un barbu en équipe d'Argentine, et que dans une équipe, à partir de deux Lee, on pouvait faire une chambre.

Capitaine

Il porte ses galons sur le bras, le plus souvent sur le bras gauche, parce qu'il est droitier et qu'il est donc plus facile de faire glisser ce bout de tissu de ce côté-là. Le capitaine aime cette distinction qui le désigne à l'admiration ou au respect des foules, et qui est une reconnaissance de sa valeur, de son leadership et de sa moralité. En vrai, il s'agit parfois du joueur le plus ancien, et pour le reste, il y a deux écoles : soit l'entraîneur encourage l'illusion d'une démocratie et soumet la nomination du capitaine au vote du vestiaire, soit il assume l'aspect dictatorial de sa charge et choisit lui-même le relais de son autorité.

Le capitaine ne porte un brassard que depuis la seconde partie des années 50. Il est celui qui est autorisé à parler à l'arbitre, celui qui joue à pile ou face le privilège de donner le coup d'envoi ou de choisir son camp, celui qui parle en dernier, quand l'entraîneur en a fini de ses consignes, celui qui juste avant le combat trouve toujours des mots basiques et des ressorts éternels, la fierté des hommes et toute l'imagerie qui s'y rattache. Le capitaine aime les honneurs comme tout le monde, mais il s'y prépare autrement : les soirs de triomphe, quand son équipe monte les marches de la gloire pour aller recevoir le trophée qui établira sa légende, il savoure d'avance le privilège d'être le premier à brandir ce trophée dans le ciel d'une ville lointaine, sous les confettis, pendant que les photographes fixent l'image qu'il reverra toute sa vie. À la fin, longtemps après, il ne se souviendra même pas de cette sensation, seulement de la photo. Il jugera qu'il était jeune et qu'il était heureux.

Panenka

L'histoire des mots du sport mêle les noms propres et les noms communs. Les inventeurs des figures en gymnastique et en patinage ont donné leur nom aux mouvements qu'ils ont créés. Tout le monde a entendu Nelson Monfort s'étrangler de bonheur devant un triple salchow, et personne ne sait qu'Ulrich Salchow était un patineur suédois du début du XXe siècle. Le foot a pareillement écrit son histoire. Une panenka, du nom d'un milieu de terrain tchécoslovaque moustachu des années 70, est un penalty tiré en piquant le ballon pour qu'il monte tout doucement vers le but pendant que le gardien, s'attendant à une frappe puissante, aura forcément choisi un côté pour s'élancer. Une madjer, du nom de l'attaquant algérien qui avait marqué de la sorte l'unique but de la finale de Ligue des champions Porto-Bayern Munich (1-0), en 1987, est une manière de reprendre le ballon du talon, derrière sa jambe d'appui, quand on est face au but. Une arconada, du nom du gardien de l'équipe d'Espagne qui laissa passer sous son ventre le coup franc de Michel Platini dans la finale de l'Euro 1984 France-Espagne (2-0), est une erreur de gardien de but, une tourmente pour les siècles et les siècles. Ce n'est pas un hommage, c'est une malédiction. Arconada était un très grand gardien, l'un des meilleurs au monde, mais il ne reste de lui que la seconde où un ballon anodin lui a échappé et où il l'a vu franchir doucement la ligne. Il aurait eu une chance d'oublier son erreur si toutes les erreurs qui ont suivi n'avaient soudain porté son nom.

Agent

L'agent règle la circulation des bénéfices. Il détourne généralement 10 % du trafic (du moins pour les salaires, parce que sur les montants des transferts, il n'y a pas d'autres limites que celles de la négociation).

L'agent double son prochain, c'est sa nature.

Comme tout ce qui lave plus blanc, surtout en famille, l'agent est anti-déposition.

Tirage au sort

C'est une cérémonie en même temps que l'officialisation de l'aléatoire. Le tirage au sort marque toujours le début de l'aventure, il réunit les destins et les organise. Il concentre la part de chance qui s'attache aux grandes épopées. Des équipes sont entrées debout dans la gloire sans battre personne, et d'autres ont trébuché à peine apparues parce qu'elles étaient tombées sur le mauvais adversaire au mauvais moment. Pourtant, l'histoire n'a pas fait de différence entre elles, elle n'a pas cherché à savoir si l'une avait moins de mérite ni si l'autre avait plus d'excuses, elle a fait ce qu'elle a toujours fait, elle a séparé les perdants et les vainqueurs.

Le football, historiquement, a toujours essayé de maîtriser l'aléatoire. Quand il l'a fait en cherchant à optimiser la performance, la démarche a concouru à sa beauté et à sa gloire. Mais souvent, cela ne lui a pas suffi. Il a donc tenté de maîtriser le résultat en faisant pression sur son adversaire et sur l'arbitrage.

Une fois la morale du sport aussi allègrement enjambée, il n'a pas conçu la moindre limite, et s'est attaché à orienter le sort en organisant le tirage. Cela décrit, à priori, une époque révolue, mais une époque inventive qui a suivi l'évolution des techniques. Longtemps, il s'agissait, par exemple, de papiers pliés qui portaient plusieurs fois le même nom. Ou qui avaient une marque permettant à une main sans innocence d'organiser le sort en feignant de le subir. Mais quand l'électroménager a progressé, dans la seconde partie du XXe siècle, ceux qui s'étaient donné pour mission de détourner le sort ont combattu l'aléatoire avec panache : lorsque les soupçons du public ont conduit les organisateurs à cacher les papiers pliés dans des boules qui tournaient dans un grand saladier pour établir la preuve du hasard, quelques-uns ont imaginé la ressource de placer certaines boules dans le frigo, et d'autres dans le micro-ondes. Il suffisait, par exemple, d'avoir décidé que les boules froides ne pouvaient pas se rencontrer pour offrir un tirage au sort que les télés espéraient. À la fin des années 80, un tirage au sort des demi-finales de la Coupe de France, en direct à la télé, avait viré au simulacre, parce que le préposé avait oublié la consigne. Il fallait faire en sorte que les deux équipes de deuxième division ne se rencontrent pas, afin que la finale puisse opposer les deux favoris dans une apothéose idéale, mais le gars qui avait été briefé ne savait plus si la boule froide devait être opposée à la boule chaude ou si elle devait être épargnée. Alors il avait dévissé lentement la boule, en avait extrait le petit papier plié, et avait lu le nom du club sans jamais le montrer à la caméra, pour offrir à la France les demi-finales que la Fédération française souhaitait. Bien sûr, on peut croire à cette histoire, ou ne pas y croire. C'est comme croire au hasard.

Aujourd'hui, les institutions qui organisent le football et ses tirages au sort ne peuvent plus se permettre d'entretenir ces soupçons. Elles combattent autrement l'aléatoire, en imaginant des têtes de série, en constatant des incompatibilités politiques (ne pas opposer un Russe à un Ukrainien sans raison valable, surveiller le tirage qui réunirait l'Arménie et la Turquie dans le même groupe), en offrant des avantages aux pays ou aux villes organisateurs. Elles constituent des chapeaux pour que les grandes nations du jeu ne se rencontrent trop tôt dans la compétition, et disséminer les outsiders pour les empêcher d'avoir un destin sous l'effet de la loi du nombre. Elles laissent les débats s'organiser autour des rumeurs des « groupes de la mort » et des « groupes faciles », et cela fonctionne, parce que le public n'est pas si regardant, ou bien parce qu'il a l'habitude, et parce qu'une part d'aléatoire lui suffit à se convaincre que tout est possible dans le sport. Tout est possible, même un tirage au sort absolu, qui ne serait ni organisé ni orienté ? Il ne faut pas exagérer, quand même.

Fumi

On ne dit pas *allumer un fumigène*, cela ressemble à un rapport de police, ou à un compte-rendu de la commission de discipline de la Ligue de football professionnel.

On dit *craquer un fumi*. C'est un peu plus transgressif.

Les « fumis » sont les bougies que les groupes de supporters allument chaque fois que c'est leur anniversaire, mais ils comptent mal, parce qu'il y en a toujours beaucoup plus que d'années d'existence.

Sandwiches

Il y a ceux qui sont enveloppés de papier fin et d'une aura de prime de match, livrés dans un carton au vestiaire, les soirs de victoire (de défaite ou de match nul aussi, circonstances qui les font ressembler un peu plus à une prime de présence). Il y a ceux de la buvette, qui donnent l'impression au spectateur de participer à la prime de match. Il y a ceux qui sortent du frigo avec du pain mou parce qu'ils ont été faits la veille, et ceux que les bénévoles ont faits avec du pain frais le matin même, souvent avec une baguette moulée (il faut bien reconnaître que cela s'est perdu, la baguette moulée, les farines et les graines alternatives ont pris le pouvoir, mais pour un jambon-beurre tout simple, on faisait difficilement mieux que la baguette moulée, voilà).

Il y a ceux, désormais les plus nombreux, que l'on achète au stade à la mi-temps. Dans certains grands clubs européens, la démonétisation permet de payer des sandwiches avec une carte à puce et de multiplier par quatre ou cinq le volume des ventes dans les dix minutes imparties. À partir du moment où personne n'a besoin de crier : « Jacky, tu n'aurais pas la monnaie de dix ? » ou de dire : « Désolé, je n'ai que des pièces », on gagne du temps, quand même. Mais ces sandwiches-là sont rarement bons, on a l'impression d'être sur une aire d'autoroute, et pour peu que l'on ait eu de la route à faire pour venir au stade, surnage le sentiment d'être condamné à la même feuille de salade cuite et verdâtre dans le jambon-fromage. On aurait presque envie de chercher le coupable, le premier homme ou la première femme qui a eu l'idée de donner une feuille de salade immangeable à un consommateur qui avait lui-même décidé de mal manger.

Le bonheur vient de la différence régionale, comme on dit à la mi-journée sur la première chaîne. Un hot-dog très moutardé un peu partout, surtout si le bout de baguette moulée est planté dans les piques chauffantes. Un sandwich américain au stade Bollaert, à Lens, rempli de frites avec de la sauce samouraï. Et les galettes-saucisses à Rennes. Je n'ai rien contre les Bretons, d'ailleurs j'ai des amis qui regardent la date du match à Rennes, sur le calendrier de début de saison, et parlent de galettes-saucisses pendant toute la semaine qui précède le match.

Ho hisse !

La lutte contre l'homophobie dans les stades a provoqué, dans nos tribunes et par-delà, un débat sémantique sans précédent. Le *ho hisse !* dans les stades qui ne s'entend jamais seul, mais qui en revanche s'entend très bien, est donc suivi généralement du mot *enculé*. Celui-ci a battu tous les records de citation sur les antennes. Ce n'était pas le but recherché, mais au moins le débat a-t-il replacé le curseur, et mieux déterminé ce qui était acceptable et ce qui ne l'était pas.

Le cœur du débat, en gros, a consisté à se demander si crier « Ho hisse ! Enculé ! » pendant un match féminin était homophobe, et si juger que *ho hisse ! Enculé !* était homophobe ne serait pas un peu sexiste. Les supporters ont participé à ce flirt avec les limites de la loi et du bon sens, qui ne sont pas forcément les mêmes.

La conclusion de ce grand débat national a dit le pouvoir des mots. Alors voilà : « pédé » est clairement homophobe, mais « enculé » ne l'est pas. Évidemment, cela signifie que si les supporters décident de ne plus prononcer le mot « enculé » parce qu'ils ont compris que ce n'était plus une insulte homophobe, la victoire sera imparfaite et paradoxale.

L'idée générale, en fait, est qu'il faut chasser l'ambiguïté et protéger ceux qui ressentent l'insulte. De fait, l'homophobie n'a jamais été centrale dans le *ho hisse !*, c'est le caractère compris de l'insulte qui compte. Si l'on décidait demain que l'insulte suprême était de traiter l'autre de fleur de tournesol, alors que c'est joli, une fleur de tournesol, on pourrait probablement se battre pour ça, et s'insulter sur Twitter à chaque apparition de l'emoji. C'est souvent comme ça, avec l'insulte : pour être sûr de se détester cordialement, il est essentiel de s'entendre dès le départ.

Transfert (identification)

Définition du transfert dans la psychanalyse : processus au cours duquel des sentiments ou des désirs inconscients envers les premiers objets investis dans l'histoire d'un sujet – le plus souvent les parents – se trouvent reportés sur une autre personne. Si la personne est physique, c'est un meneur de jeu, généralement élégant et buteur, peut-être un avant-centre, un peu plus rarement un défenseur édenté et moustachu. Si la personne est morale, c'est un club, soit parce qu'il a un beau maillot, soit parce qu'il gagne, soit parce qu'il joue à deux pas, soit parce qu'il s'agit du club où joue justement le meneur de jeu élégant et buteur. Le transfert d'affection s'opère alors en direction d'une autre famille, celle du week-end, ce qui correspond au modèle moderne éclaté. En Angleterre, où il existe des listes d'attente de plusieurs années pour obtenir un abonnement aux matches de son équipe favorite, les abonnés passent parfois trente ans avec leurs voisins de stade, un samedi sur deux, et finissent par demander des nouvelles de la famille. Le transfert, dans le sens psychanalytique, est une base du lien entre le foot et le supporter. Le temps de la vie en communauté lui devient un rituel et une raison d'être, qui s'adosse à sa passion du foot : si le jeu reste l'éternelle histoire de « nous » contre « les autres », il permet à chacun d'être une partie du « nous ». Il y a peu d'exemples de transferts d'un nous à un autre nous. Proverbe anglais : on peut changer de travail, on peut changer de femme, mais on ne peut pas changer de club.

Transfert
(activité économique)

Les transferts sont une machine à rêves pour le supporter, une machine à commissions pour les agents et gens du foot. Le prétexte est toujours de bâtir ou de rebâtir une équipe pour gagner, au moins pour ne plus perdre. À la fin de la période des transferts, le supporter est toujours convaincu qu'un jour nouveau est en train de se lever et qu'un joueur nouveau est en train de se révéler. Parfois les clubs recrutent vraiment pour tenter de se renforcer. Ils analysent constamment leurs forces et faiblesses, explorent le monde entier à la recherche des joueurs qui leur manquent, soit par l'observation en direct, soit par des montages vidéo, soit par l'apparition de la data, les statistiques des joueurs. Mais, parfois, les clubs recrutent parce qu'ils sont, en parallèle, obligés de vendre, les transferts étant une part essentielle de leur modèle économique. D'autres fois, enfin, les clubs concluent de nombreux transferts, pour des arrivées comme pour des départs, parce que leurs dirigeants sont intéressés au sens premier du terme. La rétrocommission n'indique pas qu'un président de club va faire ses courses à Prisunic. Elle signifie seulement que lorsqu'un club vend un joueur pour 50 millions d'euros à un autre club, et qu'un agent prend 10 millions d'euros de commission sur cette somme, il va en reverser une partie au président du club quitté pour le remercier d'avoir fait commerce avec lui plutôt qu'avec un autre.

Les transferts deviennent une activité boursière de placement. 95 % des clubs mondiaux cherchent des joueurs jeunes, peu chers, qu'ils pourront développer et vendre aux 5 % des clubs les plus riches. Le prix du transfert est parfois une mesure de la gloire, et de l'ego. Lorsque le Gallois Gareth Bale a signé au Real Madrid pour 101 millions d'euros environ, en 2013, le club madrilène a fait croire à un chiffre inférieur pour ne pas blesser la fierté de Cristiano Ronaldo, transféré pour 94 millions d'euros en 2009, et qui souhaitait rester un peu plus longtemps le joueur le plus cher du monde.

Transfert (feuilleton médiatique)

Le jour où le public s'intéressera plus aux transferts qu'aux matches eux-mêmes, le football aura des ennuis. Il est donc déjà dans la difficulté. Le transfert constitue le cœur de l'actualité du football deux fois par an seulement, de mars à octobre et de novembre à février. Ce qui signifie que l'on oublie généralement d'en parler le 17 octobre en fin de matinée et le 29 février, mais les statistiques ne sont pas fiables.

Dans un monde du papier finissant, les meilleures ventes de la presse sportive sont toujours les numéros consacrés aux transferts. Le lecteur demande de la rumeur, éventuellement de l'information. Il lui arrive parfois de le reprocher au messager, en recensant les fausses pistes qui auront été ses faux espoirs tout au long d'un été, mais il a consciemment acheté cet espoir, chaque matin dans son kiosque (puisque l'on fait en vacances tout ce que l'on oublie de faire pendant l'année). Et cet espoir reposait sur des informations, certes fragiles. Les agents sont généralement les sources de 80 % de ces informations, complétées par les dirigeants des clubs et parfois par les joueurs eux-mêmes. Leurs intérêts fluctuent, là aussi, entre le secret et la transparence, mais au moins ne se sentent-ils liés par rien au moment d'être transparents avec les secrets des autres. Il faudrait pouvoir convaincre le supporter déçu que 90 % de ce qu'il a lu n'était pas faux, que ce n'est pas arrivé, c'est tout. Mais il sait bien, parfois, qu'on le manipule, qu'on imprime une rumeur en négociant une information. Un jour, le lecteur a appris qu'un joueur obscur de Ligue 2 hésitait entre Orléans et Chelsea. Le lendemain, bizarrement, ce joueur, que personne ne connaissait mais dont l'agent voulait faire croire que l'Europe le voulait, signait à Orléans. Cela ne s'était pas joué à grand-chose, sûrement.

Avions

Les joueurs regardent se poser les avions dans leur carré VIP, au club l'Étoile quand ils jouent au PSG, au dancing sur la route de Bourbon-Lancy s'ils jouent à Gueugnon. Ils contrôlent eux-mêmes le trafic aérien, repartent parfois avec deux avions à la fois, comme s'ils faisaient des provisions pour l'hiver de leur carrière, comme s'ils avançaient dans la nuit avec le pressentiment du temps qui passe, des moments suspendus à leur grâce provisoire, comme s'ils savaient que rien de tout cela n'est réel, que rien de tout cela ne va durer.

Loin de la piste, les joueurs de haut niveau ne prennent pas les mêmes avions que les autres. La gloire et la fortune seraient vaines s'ils n'avaient pas également le pouvoir de les exhiber sur les réseaux sociaux, où ils s'affichent sur un tarmac au pied de la passerelle qui mène à un avion privé.

Ils s'envolent pour une soirée à Amsterdam, à Londres, à Barcelone, comme on prend un Uber pour traverser Paris et retrouver un ami d'enfance pour une mousse au Balto. Ils rentreront dans la nuit, ou alors au petit matin, ils seront même à l'heure à l'entraînement où le footing les débarrassera de leurs excès, sûrement, ou d'un parfum, parfois.

Pour suivre leurs héros à la trace, des supporters se font même spécialistes des trafics des aéroports secondaires, en province, pour signaler les vols en cours. En période de transferts, les destinations annoncées nourrissent la rumeur, on imagine un président s'en allant chercher une nouvelle star en Angleterre. Bien sûr, il s'agit peut-être d'un industriel obscur qui a un rendez-vous dans une usine de l'est de Londres. Mais, si c'est le cas, c'est quand même la preuve que la vérité n'a absolument aucun intérêt.

Garde tes mains pour pisser

C'est un truc totalement passé de mode. Pas de se servir de ses mains pour minimiser les effets collatéraux d'une situation de relative urgence : ce serait plutôt le minimum d'élégance et de politesse à accorder à un lieu de passage. « Garde tes mains pour pisser » était une injonction et un reproche, dans un jeu où l'usage des mains est réservé au gardien de but. Si longtemps après, il faut constater que l'injonction est assez genrée. C'est un souvenir de cour de récréation ou de matches de mômes du samedi après-midi, quand on jouait à France-Brésil et qu'à l'époque tout le monde voulait être le Brésil. C'était une manière de fixer définitivement une limite entre ce qui se faisait et ce qui ne se faisait pas. C'était une éducation, peut-être. C'était une époque, surtout. L'expression n'a jamais affleuré à la surface de la polémique, en 2009, quand la main de Thierry Henry contre l'Irlande a aidé l'équipe de France à se qualifier pour la Coupe du monde 2010. Pour invoquer l'esprit du jeu et de la République, pour les leçons internationales, il y avait foule. Mais personne pour lui dire de garder ses mains pour pisser. Alors qu'au plus fort de la tempête morale et diplomatique, cela aurait tout remis en perspective.

Bien en place

L'expression n'est pas vraiment une allusion à la manière dont les mains du footballeur plongent dans son intimité pour la remettre à l'endroit. Ni à sa manière précieuse de remonter ses chaussettes au-dessus du genou, selon une élégance, ou une simple mode, qui avait été lancée par Sonny Anderson, l'ancien avant-centre brésilien de Marseille, Monaco, Barcelone et Lyon, plus tard imité par Thierry Henry et par plusieurs générations grégaires, ou qui avaient le sens de l'hommage.

Un jeu bien en place précède à la fois la performance et l'ennui. *Bien en place*, c'est une expression installée dans le camp de la langue de bois, une phrase à tiroirs d'où elle sort mollement pour offrir une explication aux premiers micros qui passent. Bien en place, c'est une équipe qui a préféré le calcul au panache, rétive au risque, même à celui de séduire, une équipe qui conceptualise l'ennui qu'elle diffuse, qui a fait le choix de rester sur ses positions sans chercher la lumière de l'autre côté du monde, là-bas, au loin, dans le camp de son adversaire. Une équipe bien en place n'a pas la volonté de vérifier si la terre est aussi ronde qu'un ballon, elle accepte l'idée que l'après-midi soit plat, et prépare elle-même l'éloge de sa discipline pour masquer son manque de courage et d'initiative. Une équipe bien en place va se maintenir mais sans jamais laisser de trace, elle sera un personnage secondaire et presque transparent du feuilleton, l'intérêt de ses matches dépendra exclusivement des forces et des faiblesses de son adversaire, à qui elle abandonnera la responsabilité de faire le jeu et les fautes. Mais une équipe bien en place, du coup, gagnera tous les matches que ses adversaires auront perdus tout seuls, et son entraîneur continuera d'avancer dans la carrière entouré de la rumeur qu'il sait organiser une équipe et qu'il connaît son métier. Parfois, on aurait juste préféré qu'il aime assez le foot pour demander à son équipe de jouer. Au sein de son club même, il restera bien en place, les présidents et les actionnaires lui seront reconnaissants comme ils salueraient les dividendes maigres mais constants d'un placement de père de famille.

Bien en place, c'est attendre le mouvement de l'autre, accepter l'immobilisme en regardant sa montre et le temps qui passe. Une équipe bien en place prend parfois la mesure de son adversaire, mais en vrai, elle prend les mesures des quatre planches de bois qui l'accompagneront dans l'oubli.

Conf de presse

La conférence de presse sert à communiquer, rarement à informer. Elle est la preuve que le football et le footballeur contrôlent leur parole, soit en n'ayant rien à dire, soit en choisissant de ne rien dire. Il y a un tour de garde, une gestion des moments sensibles, des bons clients qui sont attendus et des laborieux à qui l'assemblée pose des questions par politesse sans rien espérer de leurs réponses.

La conférence de presse n'a d'intérêt véritable que lorsqu'elle est décryptée. Au premier degré, elle ne sert que les médias immédiats. Les journalistes de la presse écrite prennent soin de ne pas poser leurs meilleures questions au milieu de la meute : plus la question est pertinente, mieux elle leur échappe, engloutie dans l'instant par les sites internet, les radios, les agences et les télévisions d'information. Le fin du fin, pour un journaliste du lendemain, consiste à envisager une question comme la pièce manquante d'un puzzle. De manière isolée, elle n'intéressera personne, il faudrait voir le tableau dans son ensemble pour en comprendre le sens et l'intérêt.

On peut suivre une conférence de presse selon une déformation professionnelle, en cherchant à identifier les trois messages que l'interlocuteur a choisi de faire passer, quelles que soient les questions, et en cherchant la punchline qui fera le plus de clics, dans l'heure qui suit, sur les sites internet. On peut aussi se lasser de l'exercice, ne rien en attendre et n'en être jamais déçu, et voir passer au loin quelques images qui maintiennent l'illusion que le lien existe encore entre les joueurs et le monde du dehors.

Ami lecteur

Dans un journal ou dans un club, la liaison entre le producteur et le consommateur est longtemps passée par la poste, sous pli. Elle contenait même une enveloppe timbrée à l'adresse de l'expéditeur, une politesse bien plus qu'une incitation à répondre. La politesse impliquait en retour de renvoyer l'enveloppe timbrée à son expéditeur, avec une réponse polie et manuscrite, sauf pour les rédacteurs en chef qui avaient le pouvoir de dicter leur courrier à leur secrétaire, sauf pour les joueurs qui produisaient des réponses imprimées signées à la douzaine à l'intention des supporters qui avaient demandé une photo ou un autographe.

Puis sont arrivés les mails, qui bouleversent la nature de l'échange. Jusque-là, le producteur nourrissait quelque reconnaissance pour le consommateur qui avait pris sa plus belle plume ou son stylo-bille pour écrire son admiration ou ses reproches, qui s'était habillé chaudement et avait traversé la ville, peut-être, pour aller poster sa lettre. Le lecteur ou le supporter envoyait son message en deux clics, l'obligation de répondre était la même, et quand on se promettait de grouper les réponses, disons une fois par semaine, la procrastination faisait son œuvre, parfois les mails étaient impossibles à retrouver sous l'avalanche, il aurait fallu remonter trop loin en arrière ou alors créer un dossier courrier, mais personne n'a choisi de devenir journaliste ou footballeur professionnel pour savoir organiser ses mails.

Les mots par mails sont presque devenus une nostalgie, à leur tour, depuis que les réseaux sociaux ont raccourci la boucle, et les phrases. L'ami lecteur est un peu moins un ami, de moins en moins un lecteur, il réagit à la rumeur comme aux mots-clés, commente les commentaires sans montrer le moindre intérêt pour la source originelle, dans un exercice qui officialise le rétrécissement du vocabulaire et de la pensée. Le joueur a renoncé à l'échange, il communique ou bien on communique pour lui, et la démocratie directe du réseau social devient une illusion ou un mensonge, car il masque les commentaires, rendant ses zélateurs comme ses contempteurs au vide d'un message lancé comme une bouteille dans une mer sans rivages. Le journaliste essaie de maintenir ce lien, il ne peut oublier sa fonction originelle de média, mais il lui arrive de vouloir s'écarter de la boue et de préférer le renoncement au débat, sous l'effet des insultes anonymes pour lui, sa famille et toutes les générations à venir. Parfois, le service courrier du journal pose sur sa table, au bureau, une lettre manuscrite qui contient une enveloppe timbrée. Il se sent obligé de répondre, et de renvoyer l'enveloppe timbrée, comme toujours. Souvent, il le regrette. Il aurait aimé la garder en souvenir d'un monde perdu.

Passez-moi les sténos

Les envoyés spéciaux de la presse sportive ont longtemps vécu en couple. Même à l'autre bout du monde, ils finissaient toujours par appeler à la maison. C'est-à-dire au standard du journal, généralement en PCV, une abréviation que l'on expliquera par une note à l'intention des moins de quarante ans, avec cette phrase qui était le début de tout, l'origine même de la chose imprimée : « Passez-moi les sténos. »

C'était un temps où les journalistes de football devaient dicter la composition d'une équipe ukrainienne sans savoir vraiment s'il fallait un *i* ou un *y*, un temps où la communication passait mal, et où les erreurs de transmission étaient une poésie. Les « loups » de Wolverhampton, le surnom des footballeurs de la ville, étaient devenus les loups du boulevard Hampton, et cela changeait tout, cela sentait Jack l'Éventreur ou une adaptation anglaise de la chanson de Reggiani. Le joueur légèrement blessé dans la bagarre n'était pas sorti indemne de « les chauds fourrés ».

Les anciens, soit qu'ils en avaient la facilité, soit qu'ils avaient trouvé le moyen de s'économiser et de ne pas écrire eux-mêmes, dictaient leurs papiers sans les avoir rédigés. Ils improvisaient à la relecture de leurs notes. Gabriel Hanot était une grande plume de *L'Équipe*, il avait été international, créateur des stages d'entraîneur. Il avait lui-même demandé le départ du sélectionneur de l'équipe de France à un moment où le sélectionneur, c'était lui. Et il lui arrivait, lorsqu'il avait à prendre la parole en public et à improviser son discours, d'être rattrapé par son usage intensif des sténos, en lançant : « Chers amis, virgule, c'est un plaisir d'être parmi vous. »

Les sténos n'existent presque plus dans la presse sportive. Il arrive que des journaux conservent une veille, pour un soir de l'apocalypse où l'informatique serait en panne, et une sténo effectue une permanence, en soirée, depuis chez elle, dans l'hypothèse où un journaliste en rase campagne aurait à dicter quelques lignes lointaines dont elle prendrait note entre un jeu de Nagui et une rediffusion de Navarro. Nous connaissions leur prénom, nous reconnaissions leur voix dès le « Allô », qui nous annonçait notre sort, la dictée avec ou sans sourire de l'autre bout du fil, de l'autre bout du monde, le papier avec ou sans coquilles. Dicter son papier était un rythme à prendre, trop vite elles s'agaçaient, trop lent elles se vexaient. Souvent elles nous sauvaient de l'hésitation ou de la répétition. Et puis elles demandaient des nouvelles, cela faisait du bien, c'était un coup de fil à la maison. Au siècle dernier, ainsi passaient les mots du foot.

Y avait péno

Expression ancienne. Elle s'utilisait par définition au passé et évoquait une action survenue dix minutes ou dix ans plus tôt. « Y avait péno » était un regret, une revendication, un cri contre l'injustice mais aussi une nostalgie. C'était une histoire à raconter. « Y avait péno » ouvrait le champ des possibles, racontait le début d'une histoire alternative. Ce n'est pas parce qu'il y avait péno que le penalty aurait été marqué, ce n'est pas parce que le penalty aurait été marqué que le match aurait été gagné, et c'était tout le charme absolu de « y avait péno » : c'était le début d'une uchronie et d'une gloire qui aurait été forcément irrésistible.

Y avait péno est une expression qui a du mal, désormais, à dépasser deux minutes. On ne peut plus réécrire l'histoire, on peut seulement la revoir plusieurs fois, se faire une idée ou non de l'éventuelle injustice de la décision en suspens. Le temps et le jeu s'arrêtent afin que l'image livre un verdict, seconde par seconde. Ainsi passe l'arbitrage vidéo sur nos émotions.

L'image n'éteint pas totalement l'idée de l'injustice, parce que nombre d'interprétations de cette image sont contestables, mais elle la décale. On pouvait, depuis un siècle, s'en prendre à un seul homme, tout en reconnaissant la difficulté humaine de se soustraire à la pression d'un environnement, et conserver son nom en mémoire comme une part de la légende du jeu. On savait que l'injustice de Séville, en 1982, portait le nom de Charles Corver, un arbitre néerlandais, que les joueurs français avaient surpris à plaisanter avec les joueurs allemands, dans la nuit, à l'aéroport, et qui n'avait pas expulsé Harald Schumacher, le gardien de la RFA qui avait volontairement percuté Patrick Battiston, le laissant inerte, inconscient, la main crispée, avant de déclarer qu'il lui paierait de nouvelles dents, ce qui était à peu près le sommet de sa capacité de compassion. Le nom de Charles Corver resterait associé à cette histoire. Aujourd'hui, l'injustice vient d'ailleurs et la légende pourra difficilement faire de la place à Jacky dans le camion. C'est un prénom générique, comme la moquerie, mais on parle ici d'un arbitre installé dans une zone industrielle à des centaines de kilomètres de l'action réelle, derrière un écran, dans une position qui lui donne le pouvoir absolu de changer les décisions d'un autre arbitre, et donc la face du football.

Le football qui prétend vivre à l'ère de la haute technologie continue de juger le hors-jeu en s'alignant sur les lignes de la tondeuse à gazon, et de tracer des parallèles impossibles à l'écran alors que le moment où le ballon quitte le pied du passeur, qui est le moment exact où la position de hors-jeu doit être jugée, est établi de manière totalement aléatoire par un arbitre qui pourrait bloquer cinq ou six images différentes en donnant le sentiment que le ballon n'a pas bougé. Selon certains calculs, à 25 images par seconde, la marge d'erreur, d'une image à l'autre, est de 7 à 25 centimètres. Mais le football continue de vouloir juger un hors-jeu au centimètre près, de ne plus accepter qu'il y ait une zone grise, de rêver d'une justice binaire (il y a hors-jeu, ou il n'y a pas hors-jeu). La réalité est que l'on ne peut pas croire à cette image. Dans le tennis où le système « Hawk-Eye » existe, l'image n'est pas réelle, il s'agit également d'une modélisation, mais cela concerne seulement l'impact d'une balle, et chaque joueur en accepte la convention. Dans le football, il faut non seulement accepter la convention d'une justice numérique, mais fermer les yeux sur la manipulation, le choix d'un homme de retenir parmi les trois ou quatre images seconde qui semblent déterminer le début de l'action celle qui donnera le mieux raison à l'arbitre, ou qui lui donnera le plus complètement tort, selon ses intentions. La foi s'étiole quand on réclame des preuves.

Vestiaire

Ce qui se passe dans le vestiaire reste dans le vestiaire, comme à Las Vegas. Mais évidemment, on entend sans cesse des histoires de Las Vegas, et pour le vestiaire, c'est pareil. C'est un lieu sacralisé, dont on ferme la porte dans les grands jours ou quand on a quelque chose à cacher, un tableau noir avec quelques phrases inoubliables (« Les gars, à fond ») ou un médecin en pleine distribution de Smarties, ce qui éveille la suspicion si on a mauvais esprit, ou si l'on ne croit pas aux effets du chocolat sur le mental du sportif de haut niveau.

Le vestiaire, à la campagne comme à Wembley, reste une matrice de la vie sociale comme de la vie sportive, un lieu où l'on se forme et où l'on grandit, un lieu d'où remonteront toujours les souvenirs des bruits et des odeurs qui annoncent le dimanche matin, ou alors le samedi soir, en tout cas une rupture dans la vie de la semaine. Ainsi naît le moment où l'on devient un autre, parce que l'on enfile un uniforme avec la publicité de la boucherie de la rue piétonne, et parce que l'on accepte d'abandonner son identité dans ce moment collectif, dans l'idée de constituer une équipe et de n'exister qu'à travers elle et pour elle, pendant une heure et demie.

Les odeurs ne sont pas toujours poétiques, mais le camphre les recouvre toutes, on ne sait jamais s'il s'agit de réchauffer ses muscles à bon compte, en se disant que l'on sera moins obligé de courir pour le faire, ou si le but est seulement de rendre ses jambes brillantes, auquel cas il faut bien reconnaître que cela ne va pas à tout le monde.

Les bruits qui restent, même assourdis par le temps : le brouhaha du vestiaire qui se remplit ; les bravades de ceux qui parlent fort et veulent occuper les places du milieu sur le banc ; le frottement des brosses sur les chaussures pour en ôter la terre du match précédent, parce que nos mères avaient autre chose à faire que de trier notre sac de foot dans la semaine, et qu'il faudra vite grandir et s'en occuper soi-même, quelle métaphore de la vie, quand même ; le débat, mais entre les autres, on n'a personnellement jamais osé s'en mêler, pour savoir qui portera le maillot numéro 10. Il arrive même à l'arrière gauche de tenter sa chance, d'ailleurs il répète qu'un jour il marquera un but de 30 mètres, quelqu'un à la télé a assuré que sur un malentendu ça pouvait marcher ; les commentaires sur les adversaires qui ont l'air costauds, surtout le « 4 » ; les mots de l'entraîneur juste avant le coup d'envoi – mais il est bien possible que l'on ait entendu exactement les mêmes une semaine plus tôt ; enfin le bruit magique, le crépitement des crampons sur le carrelage, puis le béton du couloir, on dirait un grand roulement de tambour avant l'entrée en scène, il se mêle aux souffles qui raccourcissent et à l'odeur du camphre, on est presque sûr qu'il n'y a pas de différence entre le couloir du stade municipal de Péronnas et celui de Wembley. De toute façon, ceux qui ont l'habitude de Wembley seraient incapables de comparer, et on ne voit pas pourquoi il faudrait les croire sur parole et pas nous.

La mi-temps

C'est un vieux combat, un match sans fin : entre *mi-temps* et *période*, on ne sait jamais qui va gagner. On connaît seulement la manière dont le foot s'écrit, et la manière dont il se parle. Quand il se parle, on dit *première mi-temps*, on dit *la mi-temps*, on dit *deuxième mi-temps*. Les trois expressions désignent les quarante-cinq premières minutes, le quart d'heure approximatif qui voit les équipes rentrer au vestiaire et le téléspectateur rendre visite à son frigo, puis les quarante-cinq autres minutes qui n'ont pas vraiment de nom : les quarante-cinq premières minutes existent, mais on ne dit jamais les quarante-cinq dernières minutes. Il y a une ambiguïté dans ce langage courant : quand on dit *après une mi-temps agréable*, lorsque le jeu reprend, est-ce que l'on souligne la qualité du match dans ses quarante-cinq premières minutes, ou bien le plaisir de la coupure ?

Dans la presse, les rédacteurs en chef et les correcteurs font la chasse à l'ambiguïté. Le foot tel qu'il s'écrit se divise en trois temps enfin distingués : la première période, la mi-temps et la seconde période. Tout le monde s'est accordé depuis de longues années sur cette rigoureuse manière de découper le temps du foot. Mais cette rigueur n'a jamais pénétré le langage courant, qui ne s'intéresse qu'aux mi-temps, la première, la deuxième et celle du milieu, donc.

Ceux qui racontent le foot à l'écrit ont dû s'adapter, trouver d'autres mots. Le temps de la seconde période a ouvert un champ des possibles : *à la reprise*, *après le repos*, *après la pause*, *de retour des vestiaires*, sans oublier le célèbre *après les citrons*.

L'expression a disparu, mais elle aura longtemps survécu à l'usage qui l'expliquait. C'était une scène que le rugby révélait au grand jour, du temps où les joueurs ne rentraient pas au vestiaire à la mi-temps, mais se réunissaient deux minutes autour du soigneur, au milieu du terrain, et changeaient de camp. Le soigneur apportait à boire, une éponge pour atténuer les traces du combat sur les visages, ainsi qu'une bassine en plastique pleine de citrons et d'oranges coupés en quartiers. C'étaient des vitamines pour plus tard, ou pour tout de suite, l'illusion que les joueurs en difficulté allaient soudain être requinqués. On écrivait *après les citrons*, parce que *après les citrons et les oranges*, c'était un peu long, et puis c'était presque un code, le lecteur qui avait été spectateur comprenait dans l'instant.

La mi-temps est un mythe et une parenthèse. Le mythe tient au secret du vestiaire, aux mots de l'entraîneur qui vont faire basculer une situation compromise. Sitôt qu'un joueur sort du vestiaire, un soir de match sur Canal+, vient la question : « Qu'est-ce que vous a dit l'entraîneur à la mi-temps ? » La réponse est toujours la même, soit que les mots d'un entraîneur sont banals, soit que le joueur ait pour principe de ne rien révéler : le mythe a besoin de cette ambiguïté. « Il nous a dit d'être plus agressifs », quand une équipe est menée au score ; « Il nous a dit de ne pas nous relâcher », quand elle mène. Mais la banalité même peut devenir mythique. Prenons la mi-temps de France-Croatie (2-1), en demi-finale de la Coupe du monde 1998. La caméra de Stéphane Meunier est là, elle va donner lieu au documentaire *Les Yeux dans les Bleus* dont l'impact sera si fort que, comme dans un film de famille, on confondra nos propres souvenirs avec le souvenir des images que l'on a revues. On pourrait remarquer que d'autres discours étaient plus précis, plus constructifs dans ces minutes brûlantes, mais il ne reste, à la lumière du renversement qui va s'opérer (la France va s'imposer 2-1), que la force des mots d'Aimé Jacquet, le sélectionneur : « Aucune chance, les gars. Ou on réagit, et on y va, parce qu'il y a une finale au bout, ou vous laissez tomber, et vous attendez. Personne ne bouge, personne ne réagit. Vous avez peur, mais vous avez peur de qui, peur de quoi ? Les gars, vous allez perdre. » Il s'opère, sans doute, une confusion entre la fascination de vivre ce moment de l'intérieur, d'entendre ces mots généralement inaccessibles, et la force réelle de ces mots, leur impact profond. Dans l'imagerie populaire, ces mots du foot seront fondateurs, ils auront mené l'équipe de France à la victoire, et donc à sa finale de la Coupe du monde. Dans la réalité, il y avait 0-0, à ce moment-là, et l'impact des mots a été si décisif que les Bleus ont encaissé un but juste après. Mais la légende était plus forte.

À la mi-temps, les mots du foot peuvent être aussi ceux que l'on chante. La mi-temps la plus mythique reste une nuit d'Istanbul, finale de la Ligue des champions 2005. Alors que l'AC Milan mène 3-0 contre Liverpool, les supporters anglais chantent leur hymne, *You'll never walk alone* pendant toute la mi-temps, un quart d'heure à pleins poumons. On ne sait pas si c'est une fidélité ou un espoir, mais les chants qui traversent la nuit traversent également les murs : pendant qu'ils cherchent une raison de croire au miracle, les joueurs de Liverpool entendent cette ferveur. Ils s'en nourrissent : quand ils reviennent sur le terrain, ils égalisent en vingt minutes (3-3) et gagneront la finale aux tirs au but.

La mi-temps est un temps parallèle pour les acteurs et les spectateurs. Les clubs monétisent la coupure en supprimant les petites coupures : pour diminuer le temps d'attente à la buvette et multiplier les recettes, le spectateur paie avec une carte magnétique du club ou une carte bancaire sans contact. En Angleterre, le pays au monde où les files sont le mieux organisées, les spectateurs commencent à se lever de leur place cinq minutes avant la mi-temps pour être sûrs de revenir avec trois bières et trois *pies* au foie et à l'oignon. La mi-temps est devenue un enjeu : c'est sûrement la période qui veut ça.

Oh, l'arbitre !

Interjection. Généralement suivie par une seconde exclamation pour souligner la frustration. Exemple : « Oh, l'arbitre ! Sans déconner… » Utilisée par les supporters assumant parfois leur mauvaise foi. Statistiquement entendue dès les cinq premières minutes des soirées foot à la maison.

Coiffeurs

Depuis que des joueurs remplaçants de l'équipe de France ont choisi de se distraire de leur condition de remplaçant, pendant la Coupe du monde 1958, en allant se faire couper les cheveux, les joueurs qui vivent une phase finale en marge de la gloire sont appelés coiffeurs, et à priori, cela ne leur plaît pas beaucoup. La catégorisation, pourtant, est le début de la reconnaissance : avant, ils étaient là, mais on ne les appelait pas. La cruauté, de fait, tient à la séparation des destins dès le début de l'aventure. Quand le sélectionneur communique sa liste des vingt-trois joueurs sélectionnés pour une Coupe du monde ou un Euro, les joueurs de la marge, ceux que l'on peut classer de la 16e à la 23e place, sont au cœur du débat. Pendant trois mois, personne ne s'est intéressé à la présence des stars, qui ne fait pas de doute, et donc pas débat.

Mais les premiers jours de la préparation, avant même le début de la compétition, marquent le basculement et l'apparition d'une démarcation : ce qui compte, ce n'est plus la liste des vingt-trois joueurs en partance pour l'aventure, mais le nom des onze joueurs qui disputeront le premier match. Les remplaçants reculent dans le décor, laissent les titulaires happer la lumière, et deviennent les coiffeurs dans le langage courant. Lorsque vient leur tour en conférence de presse, les journalistes les interrogent sur les autres, ceux qui jouent. Leur club, pourtant, a fait de ces coiffeurs des stars. Parfois, ils aiment beaucoup les shampouineuses, qui rêvent d'épouser les coiffeurs et de partager leur salon.

Caleçon

Dans les vestiaires, signe de notre âge, on a entendu *slip*, *culotte*, *caleçon*, *calbut'*, *boxer*, mais plus rarement *string*, on le confesse.

Dans les vestiaires, signe de notre âge, tout ce tissu restait au sec et le joueur allait se doucher à poil.

Dans les vestiaires, signe des temps, la moitié des joueurs gardent désormais leur caleçon sous la douche. L'idée de la pudeur et de la religion a gagné du chemin. Ce n'est ni mieux ni moins bien, cela dit juste que le monde change et que ses influences sont multiples.

Le prix à payer est considérable : il devient plus difficile de garder toute une saison le slip qui gagne. Mais les footballeurs superstitieux conservent cette pratique, qu'ils ne remettent pas forcément en cause à la première défaite. Que les foules inquiètes se rassurent : s'ils enfilent le même slip sous leur short à chaque match, ils le lavent entre-temps. Mais, sous l'effet de la haute compétition, il arrive que ces dessous du football deviennent des reliques avant même la fin d'une saison qui, dès lors, ne tient plus qu'à un fil.

Sous-titre

La presse qui a le choix entre la légende et la réalité continue d'imprimer la légende sous la photo. Le football a toujours eu besoin de sous-titres. Nous avons connu des générations de confrères qui disaient bonjour à un joueur croisé sur le palier, et qui écrivaient une interview de plusieurs feuillets en revenant au journal. La vérité est que le joueur ne se plaignait jamais, les banalités ne le mettaient pas en danger, et il lui arrivait même de trouver intéressant ce que le journaliste lui faisait dire. Célèbre aveu d'un entraîneur français des années 90, le jour de la sortie d'une autobiographie dont il avait seulement signé le contrat : « Je ne lis pas beaucoup de livres, mais celui-là, je crois que je vais le lire. »

Les mots du foot qui s'impriment ne sont donc pas toujours ceux qui ont été prononcés. Il faut parfois les remettre en français, même lorsqu'ils ont été prononcés en français. Il faut parfois protéger un jeune joueur contre lui-même, oublier une expression maladroite qui le ferait passer pour un autre et qui s'attacherait comme un vieux sparadrap à sa réputation naissante.

Mais l'époque recherche désormais, aussi, à décrypter les mots qui ont été prononcés sur le terrain, sur le banc, dans le vestiaire, dans tous les espaces où le discours officiel, en principe, est remplacé par la sincérité et la vérité du moment. C'est une victoire pour la transparence, mais on en connaît le prix : à présent, quand deux joueurs se croisent sur le terrain, ils portent leur main devant leur bouche pour qu'un spécialiste de lecture labiale ne soit pas en mesure de révéler en exclusivité, dès le lendemain, que l'un demandait à l'autre ce qu'il avait pensé du dernier épisode de *Joséphine ange gardien*.

Mais les mots du foot sont aussi ceux des footballeurs, le résultat d'une carrière à écouter et à reproduire, de leur capacité à parler quatre ou cinq langues au bout d'une carrière, toute une intelligence au service de l'adaptation. Pour quelques joueurs de mauvaise volonté, drapés dans leur arrogance et qui seraient infoutus de demander une baguette à la boulangerie s'ils devaient faire leurs courses eux-mêmes, il y a tous ceux qui font l'effort de se lancer et de parler le même langage que ceux qui les accueillent. Il y a même ceux qui se préparent longtemps à l'avance à cette nouvelle vie. L'ancien avant-centre brésilien de Marseille et de Lyon, Sonny Anderson, avait eu quelques mois pour anticiper son premier transfert européen. Il avait à peine vingt ans mais il avait décidé d'apprendre la langue de son pays d'accueil dès le lendemain de la signature de son contrat en faveur du club suisse du Servette de Genève. Il lui manquait seulement une partie de l'information : il arrivait à Genève, et il avait appris l'allemand.

Tapis rouge

Jadis, quand les présidents de la République n'avaient pas peur des sifflets du peuple, ou qu'ils ne les suscitaient pas dans la même proportion, les joueurs des deux équipes restaient en ligne les soirs de finale, debout devant un tapis rouge qui annonçait la cérémonie. Les finalistes baignaient encore dans la lumière naturelle des premiers jours de juin, les tribunes étaient claires, parce qu'elles changent de couleur selon les saisons et que les tee-shirts blancs sont plus rares en février, et la musique de la garde républicaine avait fini de jouer *Sambre et Meuse*.

On s'est toujours demandé ce qu'étaient les mots du foot murmurés par les présidents de la République, pendant que le président et le capitaine de chaque équipe leur présentaient les joueurs, l'un après l'autre. Ces grands professionnels de la poignée de main et du petit mot répété cent fois pouvaient difficilement être pris au dépourvu et connaissaient le principe populaire, quasi napoléonien, de la revue d'effectifs : se pencher un peu plus longtemps vers un joueur connu, sembler esquisser une conversation, faire passer l'idée d'une culture partagée et d'une connivence entre grands de ce monde.

Avant ou après, il y avait *La Marseillaise*. Et juste après, pendant que le président montait à sa tribune en calculant un horaire sans prolongation, les klaxons des tribunes, les crécelles, les drapeaux. Aujourd'hui, la descente sur la pelouse est jugée comme un acte risqué, et le speaker du Stade de France a même la consigne de ne pas annoncer le nom du président. Et ce n'est pas parce que tout le monde le connaît. Parce que tout le monde connaît Mbappé, et le speaker annonce quand même son nom.

Ami d'enfance

Les amis d'enfance souvent se perdent de vue, sauf lorsque l'un des deux devient célèbre. L'autre devient alors l'ami d'enfance d'un joueur, et en tirera une célébrité à son échelle. Les amis d'enfance restent amis en grandissant, parfois. C'est l'effet que fait la célébrité sur la fidélité : puisque les stars du jeu ne savent plus si elles sont aimées pour leur gloire ou pour elles-mêmes, puisque leur propre instinct ou l'expérience des autres leur disent de se méfier des nouveaux amis, elles s'en tiennent aux anciens, à ceux qui étaient là au début de l'histoire. Mais garder ses amis d'enfance n'est pas donné à tout le monde. Cela dépend de l'amitié et cela dépend de l'enfance. Mais le joueur préférera souvent puiser à la source de la sincérité, quitte à oublier qu'il est plus facile de garder ses amis d'enfance quand on est riche et célèbre.

Les amis d'enfance ont souvent une idée de business. Ils aimeraient bien changer de voiture mais ils sont un peu court en ce moment. Ils viendraient bien passer huit jours pour souffler un peu et ils seront trois. Mais les amis d'enfance seront là quand les autres seront partis. Leur présence donne la mesure du temps qui passe et d'une trajectoire. Pour vivre une carrière à regarder devant eux, les joueurs ont toujours besoin de se souvenir d'où ils viennent.

T'as pas des places ?

Vous travaillez dans quoi ?

Journaliste de foot, c'est vraiment un métier ?

Ah, mais vous écrivez aussi ?

Pourquoi les journalistes ne vérifient jamais leurs informations ?

Je peux porter votre sac pour aller en tribune avec vous ?

Zidane, il est sympa ?

Vous avez déjà joué au foot au moins ?

Il a pas la grosse tête, Mbappé ?

Vous pouvez m'avoir des places ?

J'aime beaucoup ce que vous faites

C'est une variation de « je vous regarde tous les soirs » dans une émission où vous passez une fois par semaine. Quelqu'un que vous croisez dans la rue aime beaucoup ce que vous faites, vous vous redressez, soudain un peu plus grand, le poids du syndrome de l'imposteur est en train de glisser de vos épaules, et puis votre interlocuteur finit sa phrase : « J'aime beaucoup ce que vous faites, monsieur Lions. » Bon, en même temps, vous comprenez. Vous aussi, vous aimez beaucoup ce qu'il fait.

Si c'est dedans c'est pareil

C'est une manière à la fois de combattre l'aléatoire et de l'accepter. Une manière de ramener l'échec d'une action à un caprice du destin. Si c'est dedans, pourtant, ce n'est pas pareil. On comprend l'idée : l'action est si bien menée et imaginée que seul un grain de sable a empêché le but d'être marqué. Le gardien de but adverse n'a pas à bomber le torse, il était battu si le ballon avait été cadré, il ne porte aucune responsabilité dans l'issue.

« Si c'est dedans c'est pareil » est une revendication, celle d'un mérite qui s'opposerait à un résultat. La formule a de la famille dans le vocabulaire du foot, une famille qu'il faut chercher dans les expressions des perdants. En football pur, ils ne nous ont rien appris. On les rejoue dix fois, on gagne onze fois. Sauf qu'en vrai, cela n'existe pas. Dans le foot, on peut gagner avec beaucoup de chance mais jamais par hasard. Ce sont toujours les mêmes joueurs qui passent à cinq centimètres de la gloire et les mêmes qui entrent les deux pieds dedans. Et si c'est dedans, justement, ce n'est pas pareil. Car si ce qui est lu comme le hasard devient une tendance, la part de l'aléatoire en est réduite. Et l'infime, le centimètre qui décide de la victoire ou de la défaite, devient un principe.

À la fin du XXe siècle, le joueur anglais Gary Lineker avait, un jour, prononcé cette phrase qui disait la manière dont la récurrence d'un hasard apparent devient un principe, une sagesse populaire, même : « Le football est un sport qui se joue à onze contre onze, et à la fin c'est l'Allemagne qui gagne. » Le succès de la formule l'a fait devenir un code, un cliché, dont on se contente d'adopter la moitié à la modernité et aux circonstances. Exemple : « Et à la fin c'est la France qui gagne. »

Autographe

La rumeur prétend que les footballeurs ne savent pas écrire alors qu'ils passent leur vie à griffonner sur un bout de papier, sur un programme, sur une photo, sur un cahier, sur un livre, parfois à même la peau. Ils ont généralement réfléchi à la version raccourcie d'une signature, une boucle rapide autour de leurs initiales ou d'un numéro de maillot. Pour garder le souvenir d'un joueur qui dribble comme personne, rien de mieux qu'un papier attestant qu'il écrit comme tout le monde.

Zone mixte

C'est une mixité qui mélange les mondes bien plus qu'elle ne mélange les genres. Pour capter les mots du foot, le personnel médiatique se renouvelle légèrement et se féminise dans la marge. Peut-être faudrait-il compter pour s'en émouvoir et viser une mixité plus étendue. Peut-être faut-il se féliciter de ne plus compter et ne pas tracer d'autres démarcations que les bonnes et les mauvaises questions. Quand les pionnières sont arrivées dans le football français, les zones mixtes n'existaient pas encore. Il n'y avait qu'un couloir, qu'une porte, qu'un vestiaire. On recueillait les mots des joueurs dans le couloir, parfois, mais dans le vestiaire, souvent. On entrait au milieu de la vapeur des douches, le moindre article qui rapportait la scène évoquait l'odeur d'embrocation, c'était plus joli que d'écrire que cela sentait l'huile de camphre dont les joueurs s'étaient enduit les cuisses. Il fallait enlever ses lunettes embuées pour ne pas se cogner aux murs ou à l'avant-centre, on marchait au milieu des stigmates, traces de boue, bandes d'Elastoplast, bouteilles vides, et on choisissait une cible devant laquelle se poser, timidement ou non, selon l'antériorité de la relation, pour poser la question à laquelle on réfléchissait depuis une mi-temps : « Alors, heureux ? » Les soirs de défaite, on ne voyait parfois que des dos tournés et des serviettes nouées autour de la taille. Le vestiaire permettait au témoin de vivre le passage de la vie collective à la vie individuelle. Juste avant, un joueur était encore une partie d'un tout, un membre de l'équipe qui prolongeait l'expérience collective du match par la douche commune. Juste après, un joueur devenait un homme qui marche dans la nuit.

À la vérité, la zone était rarement mixte, mais l'était devenue grâce aux pionnières. Dans le football français, la pionnière s'appelait Marianne Mako, elle était journaliste à TF1, participait à l'émission culte « Téléfoot », et elle entrait dans le vestiaire. Pendant vingt ans on lui aura demandé si elle entrait dans la tanière des hommes quand ils étaient encore nus. La réponse était variable : Marianne entrait dans le vestiaire avec son cameraman parce qu'elle avait une question à poser et elle n'était pas du genre à baisser les yeux.

La création de la zone mixte ne remonte pas à l'époque où le journalisme de sport s'est féminisé, plutôt à celle où les clubs ont décidé de tracer une frontière comme un rempart entre les mondes et entre les mots. La zone mixte est un espace de rencontre dans les entrailles d'un stade, séparé d'un cordon ; d'un côté les joueurs, auxquels se présente un choix vaste, s'arrêter pour parler, ne pas s'arrêter mais dire bonjour, passer tout droit sans un regard, sortir par une porte dérobée. Mais ce n'est pas seulement la paranoïa qui a séparé ces mondes, c'est la loi du nombre, cette impossibilité moderne de faire entrer tous les journalistes dans un vestiaire. Imaginer que ce parloir sera un moment de vérité est une illusion. C'est la convergence des univers mais la réunion d'intérêts divergents. La presse veut tout savoir et les joueurs ne veulent rien dire.

Ainsi la zone mixte, initialement envisagée comme le territoire de la confession, devient-elle un rempart contre les mots. Dans les vestiaires de nos jeunes années, les mots glissaient directement du joueur à poil à l'instrument à plume. Ils étaient précipités sans contrôle sur le carnet du journaliste par l'adrénaline et des sentiments encore exacerbés. Les mots qui arrivent en zone mixte, aujourd'hui, ont survécu à un tamis. Souvent l'entraîneur prend la parole, à la fin du match, dans son vestiaire, pour résumer un match, et ce n'est pas le résumé qui compte, parce que ses joueurs l'ont bien vu, ce match, ce sont les mots et les éléments de langage qui importent. L'entraîneur ne demande pas à ses joueurs de répéter son discours, il n'a pas à le faire : par loyauté ou par paresse, les joueurs lui emprunteront ses éléments de langage quand ils arriveront devant les micros. Le camp adverse aura beau poser plusieurs fois la même question en choisissant des points d'entrée différents, le joueur se repliera toujours en défense pour protéger les intérêts de son équipe par ces mots collectifs. C'est la terrible morale de ce temps médiatique : les mots qui s'échappent du foot sont souvent un acte isolé et individualiste. Le joueur qui s'évade sera rattrapé par la police de caractères qui en fera un gros titre.

« Téléfoot »

C'est le football qui entre dans le salon et devient une messe, bien avant de devenir le rendez-vous du dimanche matin. C'est le football qui devient une image qui bouge, pour toute une génération qui s'endormait le soir avec un transistor collé à l'oreille, en écoutant le multiplex à la radio (voir le texte « Multiplex » qui suit). Quand « Téléfoot » était le samedi soir, parfois Pierre Cangioni, pantalon à pattes d'eph, cravate de couleur et costume rayé, parlait trois minutes dans le vide en attendant que le résumé soit prêt. Avant l'invention des oreillettes, il décrochait le combiné du téléphone posé devant lui pour écouter son réalisateur, et nous étions soumis au suspense, nous traquions les signes apparents de son inquiétude ou de son optimisme, il disait « Oui… oui… d'accord… » et nous ne savions plus, ses mots nous torturaient alors que l'on attendait avec fièvre le résumé de Strasbourg-Saint-Étienne, puisque l'on avait fait exprès de ne pas écouter la radio afin de vivre le suspense jusqu'au bout du résumé.

Enfin venait le résumé. Le tourment des supporters consistait à analyser le ton du commentateur, au départ de chaque action, pour deviner si le but était à espérer ou à craindre. L'éternel indicateur était le plan de coupe sur un remplacement, parce que l'on avait très vite compris que montrer un remplaçant avait pour seul intérêt d'acter l'entrée en scène d'un homme qui allait jouer un rôle essentiel dans la soirée. Il fallait faire faufiler l'espoir dans le brouillard d'un temps indéfini, on ne savait jamais s'il restait une demi-heure ou cinq minutes à jouer. La traduction moderne du « Téléfoot » de notre jeunesse s'appelle « Jour de foot », et les principes sont exactement les mêmes. « Téléfoot » est resté une messe du dimanche matin, une terre de reportages plus que de résumés, mais une terre familière et constante, une terre de souvenirs. Le samedi soir, il nous arrivait de revenir chez nos parents, entre la séance de ciné de 20 heures et la sortie en boîte, à minuit, pour voir « Téléfoot ». Et le dimanche, chez Drucker, Renaud chantait « J'ai raté Téléfoot ».

V'la ma gonzesse qu'entre dans ma piaule
Qui m'dit qu'est-c'tu fais planté là
T'en as pas marre de ces marioles
T'en as pas marre d'leurs tronches de rats
J'lui réponds j'en ai rien à foutre
Mais j'veux pas rater « Téléfoot ».

On sentait bien que ce n'était pas très charitable pour les gens qui passaient le samedi soir devant la télé, mais on ne lui en voulait pas. Parce que nous, en fait, on ne regardait pas la télé le samedi soir. On regardait « Téléfoot ».

Multiplex

Il permet d'être partout quand on ne peut aller nulle part. Le multiplex est un rêve, la promesse d'une ubiquité dans l'immobilité du samedi soir. Il existe une alternative en mouvement, en voiture dans la nuit, qui en entretient une magie différente. Le multiplex moderne est diffusé à la télévision, trois ou quatre fois par an, selon l'attribution des droits du championnat de France ; il fut une époque où chaque but était annoncé par une petite musique : ainsi vivions-nous la L1 du temps où Canal+ en était le diffuseur. Cela va revenir, peut-être.

Mais le véritable multiplex se conçoit essentiellement à la radio. Du temps où les radios étaient aussi périphériques que la vision d'un meneur de jeu, le multiplex du championnat de France participait à leur gloire. Mais les matches s'étalaient moins, alors, sur trois jours et sept horaires différents, et le samedi soir concentrait des affiches comme un rêve, plutôt que des affiches à dormir. Nous avons grandi avec dix matches le samedi soir qui nous arrachaient à l'ennui, dans un voyage qui nous emmenait de Lens à Bordeaux, de Strasbourg à Saint-Étienne, jusqu'à ce que, soudain, un radioreporter dans la nuit nous annonce, d'un cri qui restera quand nous aurons tout oublié, un générique intemporel, une signature : « But à Laval. »

Mister

Chaque nation du football a un rapport particulier, quasi culturel, à la figure de l'entraîneur. L'Angleterre est un championnat d'entraîneurs : les journalistes appellent les managers par leur prénom, quand ils leur posent une question, en font le cœur du récit et entretiennent leur aura. Les joueurs appellent leur entraîneur le *gaffer*, le taulier, le patron. La France, en regard, est un championnat de présidents. Les entraîneurs partagent le temps médiatique avec leur dirigeant suprême qui adore s'écouter. Mot d'un ancien joueur de nos connaissances, au sujet de son président qui aime un peu trop les micros : « La nuit quand il se lève et qu'il va ouvrir le frigo, la lumière s'allume et il commence à parler. » En Espagne, où les grands clubs sont dirigés par des coopératives de supporters, pour résumer, les entraîneurs sont au cœur du débat et du système : puisque les présidents sont élus par les supporters, ils ne résistent jamais à la *vox populi* et lui offrent généralement la tête qu'elle demande.

En Italie, au moins, le « Mister » reste entier.

Pres'

Un jour, dans un vestiaire, un joueur a renoncé à faire de longues phrases, sous l'effet de la fatigue d'un long combat ou de son inclination à rechercher les raccourcis. Président est devenu prés', en dehors du chant de victoire « Président, président », qui ne mesure pas la popularité du dirigeant suprême, mais annonce seulement que les joueurs demandent une double prime. Les présidents ont toujours aimé qu'on les appelle présidents, sinon ils auraient fait autre chose de leur vie, ils auraient été vice-présidents et personne ne les aurait appelés. Mais « prés' », c'était d'accord, cela faisait passer l'idée d'une réduction de la distance, d'un dirigeant près de ses hommes et magnanime – la preuve, il ne demande même pas qu'on l'appelle président.

Dans le vestiaire du PSG, les joueurs disent « prés' » à Nicolas Sarkozy lorsqu'il vient les saluer. Mais selon nos informations, comme on dit dans les gazettes, la contagion ne s'est pas étendue, pour le président en exercice, à l'Élysée ni au Conseil des ministres.

But, but, but

L'expression est inséparable de l'ensemble de la phrase. Enfin, ce n'est pas vraiment une phrase, plutôt un bout de chant, une injonction, un trait de dialoguiste devenu un code pour la génération qui connaît par cœur son *Coup de tête*, le film de Jean-Jacques Annaud. Le monde du foot sait que le tournage a eu lieu chez Guy Roux, à Auxerre, auprès d'un entraîneur et d'un club qui n'étaient pas encore célèbres mais qui faisaient déjà le calcul de l'image. Le monde du foot sait également que Patrick Dewaere était un acteur génial mais un footballeur qui parvenait difficilement à pousser le ballon devant lui, ce qui n'était pas si grave, il était doublé par un vrai joueur, Lucien Denis, qui serait plus tard commentateur des matches à la radio.

La voilà, donc, cette phrase, ces mots du foot au cinéma : « Trincamp, Trincamp, Trincamp ! But,

but, but ! » L'analyse fouillée du champ grammatical du slogan permet de dégager une récurrence qui souligne l'effet et une économie de mots qui simplifie le message.

En vrai, la phrase du film qui est restée, intemporelle, est celle lâchée par l'acteur Jean Bouise, dans le rôle du président de Trincamp et de patron de l'industrie locale : « J'entretiens onze imbéciles pour en calmer huit cents. » La phrase est magnifique parce que le phrasé l'est aussi, et parce qu'elle touche à la vérité. Mais, bien sûr, on sera prié d'appliquer la pirouette à l'ensemble des domaines qu'elle est susceptible de concerner.

Roulette

Les footballeurs répètent que la séance des tirs au but s'apparente à la roulette, mais les croupiers ne disent rien sur les tirs au but. L'idée est que l'on ne sait jamais, quand deux équipes ont à se départager à la fin du match en tirant cinq penalties chacune, sur quel numéro le bonheur ou la malédiction va s'arrêter. Le temps s'arrête aussi. D'ailleurs, on ne le décompte plus. C'est même le seul moment où le chronomètre ne court plus alors que l'on ne connaît pas encore le vainqueur. Pour les maudits de l'exercice, il y a des profils. Le nerveux qui prend vingt mètres d'élan et qui arrive en apnée devant le ballon. Le milieu de terrain travailleur qui marque un but par an, mais qui ne voulait pas être accusé de se défiler. Le meilleur joueur du match, qui presque toujours manque sa tentative, pour rappeler qu'il n'y a pas de morale dans ce jeu.

Mais la roulette est aussi un geste de footballeur. Il y a la roulette de Zidane, cette manière de mettre un pied sur le ballon en faisant un tour sur soi-même pour étourdir son défenseur. Toujours la lumière est venue de la rue : il a avoué un jour, dans une longue interview, que tous ses gestes techniques procédaient de l'imitation, et qu'il reproduisait en bas de son immeuble, dans le quartier de la Castellane à Marseille, les exploits qu'il avait vus la veille au soir à la télé. Il a aussi dit, le même jour, qu'il n'était pas mauvais sur le gazon, peut-être, mais qu'il était encore plus fort sur le bitume.

Et puis il y a une roulette oubliée. Celle d'un ancien joueur de Lyon et de Bastia, Yves Mariot, qui avait même été sélectionné en équipe de France dans les années 70. C'était un gaucher qui bloquait le ballon entre ses deux pieds, quand il faisait face à son défenseur, et qui parvenait à remonter le ballon du talon pour le faire passer par-dessus le défenseur désorienté. Ensuite, Yves Mariot récupérait le ballon de l'autre côté, vers le large. Dans les tribunes de Gerland, à Lyon, les spectateurs réclamaient : « Mariot, ta roulette ! » Il ne pouvait pas toujours donner au public ce que celui-ci attendait, parce que les défenseurs, prévenus, maintenaient souvent une distance qui empêchait ce type de dribble. Mais chaque fois qu'il recevait le ballon, un murmure parcourait la tribune. La possibilité de la magie est parfois aussi importante que la magie elle-même.

Banc
(vision)

Un soir lointain qu'il était l'entraîneur de Lyon, à la fin des années 80, et que j'avais la responsabilité d'écrire au quotidien sur son équipe dans les colonnes du *Progrès*, Raymond Domenech m'avait suggéré de venir passer une mi-temps juste derrière le banc où il se tenait. Il ne s'y tenait guère, d'ailleurs, sans cesse debout, à replacer, à hurler, à ferrailler avec arbitres et adversaires, mais il estimait qu'après plusieurs années à juger le jeu et les joueurs depuis ma tribune supérieure, d'où les mots tombaient avec quelque sévérité à l'occasion, une station prolongée au bord de l'action me ferait faire provision d'indulgence. J'avais donc passé une mi-temps (ou une période, voir le texte « Mi-temps » p. 71) derrière le banc, et une autre à ma vigie habituelle. J'ai très vite compris ce qu'il voulait que je voie et que je ressente : la vitesse, l'effort pour soi et pour les autres, la sueur, l'impact des chocs, le temps raccourci pour décider de l'utilisation du ballon. C'était sa manière de demander à un journaliste, pour mieux juger, de prendre moins de distance.

Banc
(objet)

Cela s'appelle un banc parce qu'il devait être en bois, sûrement. Personne ne se souvient du premier banc. Parce que les premiers entraîneurs n'étaient même pas au bord du terrain, souvent, et qu'il n'y avait pas de remplacements autorisés, à l'origine. Éventuellement, un dirigeant en imper qui avait envie de s'imaginer au cœur de l'action, ou alors un masseur aux mains de boucher qui avait mis de la gnôle dans l'éponge magique. Parfois, il y avait des chaises de piste, comme au cirque, parce qu'une piste d'athlétisme en cendrée entourait le terrain et que les entraîneurs n'allaient pas s'installer si loin du front, la jumelle à la main. Quand l'espace entre la tribune et le terrain est large, le banc est planté dans le *no man's land*, comme au Stade de France, où une coquille de plexiglas opaque protège les occupants de la pluie et du regard des autres. Sinon, les architectes l'ont intégré au bas de la tribune, soit au pied des premières marches, soit à l'intérieur même du béton. Le banc reste le terme générique d'un espace qui ressemble désormais à un assemblage de sièges d'une automobile allemande. D'ailleurs, sans les appuie-tête, mais avec des accoudoirs et un peu de lecture qui les renseignerait sur les amours des shampouineuses, les coiffeurs se sentiraient sûrement comme chez eux.

Banc (mythologie)

C'est sur le banc que s'installe le pouvoir et que se ressent l'impuissance. Le bout du banc est le royaume de ceux qui font et défont les carrières, et qui, sachant très bien qu'ils ne seront pas jugés seulement sur leurs résultats, cultivent une apparence comme une singularité, au moins une signature. Longtemps, les entraîneurs avaient une cigarette au bord des lèvres, juste à côté de l'inquiétude. Comme au cinéma et pour Lucky Luke, ils ont dû la remplacer : rarement par une brindille, c'est vrai, mais souvent par un chewing-gum qu'ils mastiquent sans retenue depuis qu'un scientifique leur a expliqué que cela les aiderait à contrôler les montées d'adrénaline, ou alors par une touillette à café. À Leeds, l'ancien entraîneur de Marseille et de Lille, l'Argentin Marcelo Bielsa, cumule les postures : plutôt qu'une simple touillette, il a un café dans la main, et plutôt que sur le banc, avec les autres mortels, il préfère prendre place sur une glacière, comme s'il venait juste de choisir un coin sympa pour le pique-nique, là, sur l'herbe.

Devant le banc, il y a les agités, les calmes et les « ça dépend ». Chez les calmes, il n'y a que des faux calmes, parce que personne ne ferait confiance aux autres dans ce secteur d'activités. Chez les agités, il y a ceux qui ne se contrôlent pas, et qui ne conçoivent pas de voir s'esquisser une seule action de leur équipe sans entrer en transe. Mais chez les agités, et on en connaît, il y a les calculateurs, ceux qui savent très bien qu'ils passent à la télé, ceux qui aiment être regardés et qui pensent que l'idée de la réflexion ne vaut pas l'illusion de l'action. Alors ils n'arrêtent pas, ils font des gestes de sémaphore, indiquent une nouvelle tactique, lèvent les bras comme si des ficelles invisibles leur permettaient de diriger les joueurs à leur guise. En vérité, à part vous et moi, personne ne les regarde, et surtout pas leurs joueurs. Puisque ces entraîneurs-là parlent tout le temps, comment des joueurs choisiraient-ils le moment de les regarder ? L'entraîneur est un acteur qui doit reproduire l'impression de la toute-puissance auprès de ses joueurs et du public, et le banc est sa scène. Parfois, d'ailleurs, il meurt sur scène, comme

Jock Stein, le sélectionneur mythique de l'équipe d'Écosse, terrassé par une crise cardiaque dans les dernières minutes d'un match au pays de Galles, en septembre 1985.

Ultras

En Europe existe clairement une ligne qui sépare le Sud et le Nord et qui n'est pas l'équateur. Au Sud, règnent les ultras, les supporters regroupés dans des associations qui gèrent l'animation des stades, géographiquement massés derrière les buts, aux places les moins chères, et qui organisent leur soutien par la préparation des tifos, spectacle visuel de l'avant-match, au moyen de banderoles qui couvrent parfois l'intégralité de la tribune et racontent une histoire. Au Sud, le besoin de parler se prolonge par l'utilisation d'un mégaphone, tenu par le chef des supporters, qui émerge tantôt d'une démocratie, tantôt d'une dictature. Il lance les chants et les slogans, et parfois hurle des phrases dont les autres tribunes ne perçoivent qu'un brouhaha. Venue d'Italie, cette manière latine de concevoir le supportérisme, à laquelle l'Espagne a mieux échappé que la France, est une bonne raison de préférer l'atmosphère du football du Nord. L'Angleterre n'a pas besoin d'organiser quoi que ce soit puisque ce jeu est sa culture. Elle a commencé de chanter au début des années 60, à Liverpool. Avant, elle se contentait de hurler, et les visiteurs avaient l'impression de traverser une tempête. Dans un match européen à Tottenham, en 1967, un jeune joueur de Lyon avait joué avec du coton dans les oreilles pour ne pas perdre totalement ses moyens. Les chants qui viennent des tribunes anglaises sont généralement essayés au pub. Ils ne font que passer, ou alors ils restent, et si l'air convient, il suffit d'adapter les paroles. Mais il n'y a jamais eu de chef de la chorale, et jamais eu de mégaphone. De toute façon, les autres font trop de bruit, on ne l'aurait pas entendu. Des tribunes anglaises descendent un certain esprit et un humour constant. Les fans, par exemple, aiment beaucoup célébrer leur star en chantant « *One Kevin Keegan, There's only one Kevin Keegan* », sur l'air de « *Guantanamera* ». Ils remplacent Keegan par n'importe quel nom aux syllabes adaptables. Un jour que leur gardien Andy Goram, un joueur de l'équipe d'Écosse, avait déclaré être un peu schizophrène, les fans de Glasgow avaient chanté : « *Two Andy Goram, there's only two Andy Goram.* » L'humanité a toujours su s'adapter.

Crampons

Nous avons tous dormi avec nos premiers ballons et posé nos premières chaussures de foot au pied du lit, comme des souliers au pied du sapin la veille de Noël. Les ballons sentaient le cuir, et la magie des chaussures tenait aux bandes blanches cousues sur le flanc, ainsi qu'au bruit des crampons sur le plancher. Les crampons moulés produisaient un son mat, mais assourdi, qui promettait aux tibias des attaquants l'illusion d'un répit. Mais les crampons vissés, dont le métal brillait chaque fois que l'on se souvenait de les nettoyer, c'était encore autre chose. On se frottait à la mythologie du brutal, et certains mauvais garçons de l'équipe prenaient l'habitude de les limer légèrement afin qu'ils coupent les chaussettes des adversaires, en espérant des entailles plus profondes, sur un malentendu. C'étaient des crampons de grands, les crampons des hommes, et ils étaient livrés avec une clé qui permettait de les revisser, ou de les remplacer par plus court, quand le temps était sec et que l'on n'avait pas envie de finir le match avec des ampoules aux pieds.

Le souvenir des crampons reste celui de la première fois où l'on a passé la main sous la semelle accidentée, pour ressentir notre appartenance à un nouveau monde. Ce souvenir est aussi celui de la dernière fois où l'on a entendu et ressenti le crépitement des crampons collectifs, sur le béton du couloir qui mène au terrain. C'était le signal de l'aventure, le signal d'une jeunesse passée à ne pas se rendre compte à quel point ce bruit nous manquerait, plus tard.

Déplacement

Cette vie en ballon est un voyage. Dans les voitures des parents de joueurs, à l'enfance. Je me souviens que les conducteurs ont toujours eu un peu plus de chances de voir leur fils être titulaire. Puis dans les cars, et puisque personne n'était le fils du chauffeur, la concurrence était un peu plus transparente. Le repas était tiré du sac, c'était l'expression inscrite sur la convocation, cela signifiait qu'il fallait venir avec ses sandwiches. Dans le car naissait un sentiment d'équipe, même pour les timides qui attendaient que tout le monde soit assis pour s'installer en marge du tumulte.

Plus tard viendraient le train, l'avion, tout ce qui aiderait à traverser la France, l'Europe, le monde. Dans la partie du XXe siècle où les footballeurs du championnat de France se déplaçaient en train, avec les vraies gens, les journalistes de

L'Équipe hantaient les halls des gares parisiennes, le dimanche soir, pour rencontrer les joueurs en correspondance et remplir les journaux de la semaine à venir. Les joueurs ne sont plus les seuls à voir du pays grâce au foot. Ils sont peut-être même les seuls, d'ailleurs, à ne pas le voir vraiment, arrachés à leur avion sur le tarmac par un car qui les soustraira aux formalités, transportés dans un hôtel de chaîne puis au stade, sans une respiration, sans une bouffée de l'air de ce nouveau pays. Les supporters, eux, s'installent, savent que l'âme d'une ville se visite dans ses rues, ses bars et ses stades. Ils ont parfois une grande carte, à la maison, où ils colorient au fur et à mesure les nouveaux pays visités. Ils se souviennent toujours des premières fois. La première fois que les supporters de Liverpool ont pris l'avion, pour un déplacement européen, à Reykjavik, en Islande, en 1964, ils ont fait comme ils faisaient pour le chauffeur qui les menait à Manchester ou à Middlesbrough : ils ont organisé une quête pour le pilote.

Mise au vert

Il y a l'idée des pur-sang à l'herbage entre deux courses dans cette invitation faite aux footballeurs de se rassembler la veille d'un match. Le prétexte est souvent le lien collectif. La réalité est plus prosaïque : dans le cadre éternel de l'optimisation de leur performance, les joueurs doivent se coucher tôt, si possible tout seuls, après avoir mangé de la viande blanche et des légumes plutôt qu'une pizza, et dormir comme un enfant plutôt que comme leur nouveau-né qui, à la maison, dort lui-même comme un bébé, c'est-à-dire qu'il dort une heure, pleure une heure, dort une heure, pleure une heure, pendant ces semaines où les supporters se demandent pourquoi leur avant-centre ne marche plus sur l'eau. La mise au vert remet les pendules intérieures à l'heure. Dans les bras de Morphée jusqu'à l'aube du grand jour, leurs beaux rêves jamais dérangés, les footballeurs dorment parce qu'ils veulent aller plus vite que les défenseurs qui se couchent tard, et parce qu'ils s'ennuient. Dans la vraie vie, ils préfèrent le matin à cinq heures à la nuit de neuf heures et l'interaction sociale au lien collectif. Ou alors ils vont jouer en Angleterre, qui a d'autres rites, et remplace tout le cérémonial des mises au vert, tout le sérieux dans le bus, toute la tension des heures d'avant, par un rendez-vous directement au vestiaire, une heure et demie avant le coup d'envoi, où un gars qui crie un peu fort mettra la musique à fond pour réveiller les autres et dire la joie du moment.

Huis clos

Quand la porte est fermée, les journalistes regardent par la fenêtre. Ils sont dans les arbres, sur les toits des voitures, parfois dans l'appartement du cinquième étage qui donne sur le stade d'entraînement, cachés derrière le rideau qu'ils ajourent discrètement. Ils se passent les jumelles en se demandant si l'autre a vu la même chose, si le joueur encore incertain la veille s'entraîne bien dans l'équipe qui porte les chasubles rouges, ceux des titulaires. Parce que cacher leurs intentions à la presse ne peut pas être un but supérieur à la nécessité de faire répéter l'équipe qui disputera le match suivant, les entraîneurs finissent toujours par exposer leurs choix pendant l'entraînement. C'est l'interdiction même d'assister à l'entraînement qui a créé la transgression, devenue une règle pour les médias majeurs. Au départ, ils étaient poussés par la recherche de l'exclusivité, mais ils s'allient, parfois, dans leur recherche de l'information, puisque tout le monde se retrouve souvent à observer du même point de vue, dans une coursive d'un stade, derrière la fenêtre d'une loge, partout où l'on peut voir sans se faire voir, et sans risquer d'aller se faire voir.

Il arrive à Didier Deschamps, le sélectionneur de l'équipe de France, de considérer que les journalistes qui révèlent sa composition d'équipe sont de mauvais Français, qui devraient plutôt protéger la patrie par le mensonge, ou au moins par le respect du secret. Nous pourrions avoir mauvaise conscience, mais la vérité est qu'il est devenu champion du monde sans pouvoir rien cacher, ce qui indique soit qu'il est un génie absolu de gagner ainsi malgré ce handicap, soit que la révélation de ses compositions d'équipes n'a absolument aucun impact sur le résultat. Forcément, l'une de ces deux théories nous plaît énormément.

Sur la même ligne

On ne le confondra pas avec *en même temps*, qui est une autre histoire et reste une fausse manière de ne pas choisir. Rien à voir, non plus, avec *toutes choses étant égales par ailleurs*. *Sur la même ligne* signifie la compréhension, le refus de la revendication et l'acceptation du gris. *Sur la même ligne* est le mot qui vient du chœur quand les supporters sont convaincus que l'avant-centre qui s'apprête à marquer n'était pas hors-jeu. La phrase est simple, c'est le concept qui est compliqué.

Sur la même ligne, c'est une façon d'affirmer que l'esprit du jeu est préservé, que l'on accepte qu'un joueur soit hors-jeu de cinq centimètres en apparence, parce que les apparences sont trompeuses et parce que l'on sait qu'il n'existe pas de vérité absolue sur cette question (voir le texte « Y avait péno »). *Sur la même ligne*, c'est une conception de la vie, la préférence du doute sur la certitude, de l'indulgence sur la répression, et de l'attaquant sur le défenseur. Si l'homme qui cherche à créer se retrouve sur la même ligne que l'homme qui cherche à détruire au moment précis où le ballon lui a été donné, et non au moment où il l'a reçu, nous acceptons l'idée qu'il ne soit pas hors-jeu. Il le sera seulement s'il se situe nettement entre le gardien et le dernier défenseur. (C'est fait, nous avons perdu le néophyte, comme seul le hors-jeu sait le faire, mais c'est parce que celles et ceux qui aiment le foot se sentent obligés d'expliquer cette règle, et qu'il est difficile de l'expliquer sans s'embrouiller, alors que l'on pourrait sûrement faire plus simple, se contenter d'avancer qu'il s'agit d'une convention, que l'action s'arrête quand un arbitre assistant lève son drapeau, que c'est comme ça, que ce n'est pas la peine de tout expliquer, parfois la décision est injuste mais la vie est injuste, et puis on ne voit pas pourquoi il faudrait passer des soirées à déplacer la salière, le poivrier et la moutarde pour recréer l'action de Valenciennes-Montpellier de la veille, alors que personne ne nous demande jamais rien sur la règle du passage en force au basket, et c'est quand même injuste, déjà que les gars et les filles qui bossent à *L'Équipe* sur le basket depuis quarante ans n'ont jamais eu froid, ils n'ont rien à expliquer en soirée.)

Synonyme : « Il est couvert. »

Le footballeur est couvert par son contrat de mariage, par l'assurance sur ses jambes, par les précautions qu'il prend pour n'avoir pas à payer des pensions alimentaires, et par le défenseur adverse, donc, qui l'empêche d'être signalé en position de hors-jeu.

Roulement

Bien qu'il ait construit sa gloire sur l'herbe, un entraîneur qui fait tourner n'a pas les gestes sacrés d'une fin de soirée. Il n'enfume, au mieux, que son vestiaire. L'entraîneur qui fait tourner procède à un roulement, c'est-à-dire qu'il s'écarte de son équipe type afin de laisser ses titulaires se reposer et d'intégrer les remplaçants habituels dans une dynamique plus positive. Le roulement est une notion délicate dans un jeu qui vit de la concurrence et sur l'idée essentielle, donc, que ce sont les meilleurs qui jouent. Le principe consiste à ne pas présenter le roulement comme une mendicité due à la pitié ni à une main tendue par bonté, mais comme une chance de prendre la place de l'autre et de ne pas la lui rendre, une perspective sans sentiment qui s'accorde mieux à l'orgueil de ces compétiteurs qui ont besoin de ne jamais quitter leur armure pour demeurer performants. Parfois, l'histoire se déroule telle qu'elle avait été décrite, et un remplaçant en fait assez pour fendiller les certitudes de l'entraîneur. Mais c'est toujours celui-ci qui mène le jeu, et qui aura, du coup, atteint son but avec une pointe de cynisme : ainsi pourra-t-il annoncer, la prochaine fois qu'il fera tourner, qu'il y aura réellement des places à prendre. Les habitués, eux, ne verront qu'un écran de fumée.

Panier moyen

Cela sent l'osier et le pique-nique, le dimanche dans les bois et le saucisson emballé dans une nappe à carreaux, ce qui est le signe, donc, qu'il faut se méfier des apparences. Parce que pour l'odeur, c'est plutôt l'oseille. Et, pour le jour de la semaine, plutôt le lundi matin chez le comptable. Car le panier moyen est l'expression utilisée par les clubs pour mesurer les dépenses au stade par spectateur, et toute la magie du foot est là, dans cette manière de diviser la recette pour mieux savoir la manière de la multiplier.

Droits

Le football ne vivrait pas s'il n'avait pas les droits de son côté. À l'expiration des droits il ne sait jamais s'il s'approche de la fortune ou de la banqueroute. Il lui arrive de produire de la richesse, mais son équilibre financier est lié à la générosité de ses diffuseurs. C'est sa manière de dépendre de ceux qui travaillent à la chaîne.

Possession

Il y a des équipes qui voudraient avoir le ballon tout le temps, d'autres qui préféreraient s'en délester, et pour aucune des deux la vie n'est facile, dans ce jeu où l'on n'obtient pas toujours ce que l'on voudrait. Il y a donc des équipes de possession, et des équipes de contre. Les premières veulent gagner grâce à leurs qualités, quand les secondes asseyent leurs conquêtes sur les erreurs des autres. Il arrive aux équipes de possession d'être un peu jalouses des victoires de celles qui obtiennent beaucoup avec très peu. Les équipes de possession sont souvent prosélytiques, elles ne reconnaissent de noblesse à aucune autre conception du jeu, font circuler le ballon et la bonne parole, dans un don parallèle pour la conservation et la conversation. Mais il arrive, bien sûr, que les équipes de possession soient dépassées par des adversaires possédés.

Épiciers

De même qu'il n'y a pas de petit métier, il n'y a pas de mépris pour la profession d'épicier quand le mot revient sur le tapis d'un après-midi ou d'une soirée au pays de l'ennui. L'épicerie appliquée au football est le regret du calcul plutôt que de la porte ouverte, de la gestion plutôt que de la conquête, et s'il y a des épiciers qui laissent la porte ouverte et veulent voir le monde, on comprend l'idée.

Des épiciers du football, d'ailleurs, ont un palmarès formidable. C'est un autre drame pour le jeu, mais pas pour eux, qui ont construit la gloire non sur leur génie propre, mais sur les fautes des autres. Et puis il vaut mieux être épicier, dans ce jeu, que boucher, un terme qui s'applique aux défenseurs édentés qui verbalisent les excès de vitesse et montent la hauteur de coupe à un niveau qui ferait peur à une tondeuse à gazon. Le milieu murmure très vite que les plus grands bouchers du football méritent le détour, mais pour mieux les éviter. En revanche, quoiqu'ils rêvent parfois de faire d'un attaquant craintif de la chair à pâté, aucun d'entre eux n'a jamais été qualifié de charcutier. Il existe de nombreux métiers sans équivalent chez les footballeurs : pas de plombier, ni de vitrier, pas de banquier malgré les apparences, pas assez de diplomates alors qu'il y a un peu trop de professeurs, peu de chercheurs sinon d'embrouilles.

Éventuellement un maçon, pour bâtir un mur sur coup franc, un fonctionnaire, qui jouerait à heures fixes dans l'indifférence de son rendement mais non de son salaire, un horloger pour la précision technique, toutes les métaphores faciles sont acceptables. Et puis très souvent un gendarme, pour l'idée de la course-poursuite avec un attaquant, puis de l'arrestation, dans le but de contenir une manifestation trop offensive. Mais depuis que tout est filmé, évidemment, le métier a changé.

Par contre

On dit en revanche, mais le foot aime vivre par contre. De nombreux entraîneurs cherchent une revanche, d'ailleurs, en procédant par contre. Être pour le contre n'est pas une disposition philosophique ou rebelle, seulement l'expression d'une limite fondamentale, comme une frontière : ceux qui sont pour le contre n'ont pas d'autre vision stratégique que l'adaptation à un adversaire auquel ils abandonnent le ballon et la responsabilité du jeu. Ceux-là ne font pas avancer le football, mais ils demandent à leurs attaquants d'aller très vite, ce qui leur évitera d'avoir à réfléchir au vide des idées de leur entraîneur.

Goal volant

Ce n'est pas une question de foi, mais de souvenirs : ceux qui prétendaient n'avoir jamais vu un gardien de but voler devraient penser à René Vignal, Georges Carnus, Joël Bats, Fabien Barthez ou Hugo Lloris, les grands gardiens français de l'histoire. Il n'empêche : goal volant, c'est encore autre chose.

Pour quelqu'un de mon âge ayant grandi avec un ballon, *goal* est moins un mot anglais que de l'ancien français : jusqu'à la fin des années 70, jusqu'à ce qu'un feuilleton du foot parvienne à entrer dans le salon, grâce aux Verts de 1976, on disait goal pour gardien de but, cela allait plus vite et faisait plus chic, la brigade de la défense de la langue n'était pas encore passée par là. Goal ne se dit presque plus. La moitié de la population, peut-être, ne sourirait même plus à la vieille blague, meilleure à l'oral qu'à l'écrit, qui nous faisait rire au CE2, ce qui était à la fois le témoignage de notre précocité et le signe que le Général n'était plus de ce monde :

> « Il paraît que Carnus va jouer la saison prochaine à Colombey-les-Deux-Églises…
> Pourquoi ?
> Parce qu'il n'y a plus de Gaulle. »

S'il faut expliquer toutes les blagues, comme le « Pharaon » et le « phare à nous » : « plus de Gaulle » et « plus de goal », c'était drôle. Du moins dans notre souvenir. Note de l'auteur : Georges Carnus était le gardien de but de Saint-Étienne et de l'équipe de France de football, en novembre 1970, à la mort du Général, enterré chez lui, à Colombey-les-Deux-Églises.

À présent que nous avons balayé la moitié de l'expression, il faut envisager le concept en son entier. Goal volant, donc. En théorie, un gardien de but qui sort de sa cage risque de se briser les ailes. Hors de sa zone de confort et de la surface de réparation, il n'a plus le droit de se servir de ses mains et on ne voit que lui, l'homme qui n'a pas le même maillot que les autres. S'il s'échappe, c'est parce que le jeu et les déséquilibres de son équipe lui imposent d'aller intervenir au large, sur des territoires où il ne fait que passer, généralement, quand il traverse le terrain au début de chaque période. Ou de chaque mi-temps, donc. S'il traverse tout le terrain, soudain, c'est pour aller fêter un but et se dégourdir les jambes, ou alors pour tenter de marquer lui-même sur un dernier corner, en fin de partie, quand le refus de la défaite signifie que l'on accepte de prendre le risque de déserter son propre but.

Mais goal volant, c'est une autre action, une autre liberté. C'est une règle que l'on fixait juste avant le coup d'envoi de nos matches de cour de récréation. C'est important, de se mettre d'accord. Par exemple, en pleine bagarre dans *L'Homme tranquille*, de John Ford, après une pause au pub, Victor McLaglen demande à John Wayne si leur combat est bien régi par les règles du marquis de Queensberry et, face à l'air interrogatif du cowboy qui lui semble valoir pour accord, lui met une droite. La scène rappelle combien, lorsque les choses sont claires pour tout le monde, tout est beaucoup plus simple. À la récré, c'était pareil. Si l'on était en nombre impair, il y avait « goal volant », ce qui signifiait que le gardien de l'équipe en infériorité numérique avait le droit de participer au jeu dans toutes les zones. Dans la réalité, « goal volant » était un argument de recrutement, presque un truc de DRH du CM1 : personne ne voulait être un gardien dans des matches déséquilibrés qui le vouaient à l'ennui ou à l'humiliation, alors il fallait faire au volontaire la promesse de la liberté, surveillée, conditionnée par le souci de la prudence, mais la liberté quand même. Dans nos souvenirs, nous avons été goal volant et nous n'avons pas volé très haut. Mais nous nous souvenons très bien de la liberté.

Bus
(ou car)

Le football professionnel est un sport qui se joue à onze et dans lequel même les défenseurs qui ne marquent jamais ont un bus dans la vie. Plus exactement, ils ont un car, mais alors l'effet disparaît. Quelques puristes de nos connaissances font de la distinction entre car et bus le combat d'une vie de vigie du vocabulaire journalistique. Le langage courant a enfoui la différence fondamentale entre le bus, que les footballeurs professionnels ne prennent plus jamais après l'obtention de leur permis de conduire, et le car, qui est leur seconde maison. Dans le car de leur club ou de leur sélection, donc, ils occupent toujours la même place, qui dit un statut et une ancienneté que les nouveaux arrivés ont à respecter, avant d'être là depuis assez longtemps pour avoir le droit de choisir leur nouveau territoire et de le délimiter jusqu'à la vieillesse, à trente-deux ans.

Les grands clubs européens voyagent avec leur bus sur tout le continent, du moins ils le font croire. Un chauffeur de Turin, de Madrid ou de Lyon roule jusqu'en Ukraine pendant trois jours, récupère les joueurs à l'aéroport de la ville d'arrivée, les dépose à l'hôtel puis au stade, juste pour l'image, au sens propre comme au sens figuré, juste pour les dix secondes où la télé montrera l'arrivée de l'équipe au stade, juste pour montrer au peuple visité la puissance du visiteur. Mais il arrive qu'une équipe refuse de descendre du bus, comme l'équipe de France à l'entraînement, sur son terrain privé de l'hôtel Pezula, à Knysna, en Afrique du Sud, pendant la Coupe du monde 2010. Il n'y a rien à faire : on sait bien que c'était un car, mais on continue de parler du bus. D'une manière générale, les joueurs eux-mêmes n'étaient pas très regardants sur la distinction, cet été-là, et le bus reste attaché au sentiment du malaise suscité par cette scène de joueurs de l'équipe de France tapant sur les vitres pour que le chauffeur les ramène à leur chambre. Mais on sent bien que le monde change, et que si un jour la même scène se reproduisait, l'histoire se souviendrait de l'équipe qui a refusé de descendre du bus puis de celle qui a refusé de descendre du car.

Buteur

Un buteur est un homme qui devient célèbre grâce au travail des autres. Il ne pourrait pas se débrouiller tout seul, dans la vie, mais garde la gloire pour lui-même, ainsi que le plus haut salaire de son équipe, généralement. S'il est égoïste, ce n'est même pas de sa faute : c'est son poste qui l'exige. Il pense aux autres quand il a le temps, ou quand il n'a pas d'autre solution que de donner son ballon, une situation qu'il sait éviter, dans ses bons jours. Il porte le numéro 9, souvent, parce que c'était le numéro des grands avants-centres du passé et qu'il veut être reconnu en surplus d'être connu. Les enfants font floquer son nom sur le maillot qu'ils achètent à la boutique du club, et cela coûte moins cher quand ils demandent « Son » que « van Nistelrooy ». Jusqu'à l'édition 1994 aux États-Unis, le numéro comptait plus que le nom, qui ne figurait pas au dos des maillots de la Coupe du monde. Sans doute les Américains ne connaissaient-ils pas suffisamment les joueurs. Sans doute avaient-ils d'autres standards en termes de marketing. Le nom des joueurs a provoqué ou accompagné l'ère de l'individualisation de la performance et de la louange. Et les buteurs sont devenus de plus en plus chers et égoïstes.

Mais ce n'est qu'une face de l'histoire, bien sûr. On peut presque renverser toutes les propositions. Si le buteur doit être égoïste, c'est parce qu'il doit assumer la responsabilité du destin de son équipe. Quand il est très cher, il joue avec le poids de son salaire sur les épaules : à la moindre période de doute, il peut lire dans les journaux le prix réel de ses buts. Lorsqu'il passe deux matches sans marquer, il peut sentir dans le regard des autres le commencement d'un reproche. Trois matches sans but, et l'environnement semble mesurer un désert. Quatre matches, et tout le monde demande le nom de son remplaçant. Cinq matches, et l'oubli s'approche. Il peut bien se débattre soudain pour les autres, aucun de ses efforts collectifs ne compte, puisque le buteur a seulement choisi d'exister par ses buts. L'écrivain grec Ménis Koumandaréas, dans une nouvelle sur un buteur progressivement gagné par le doute, avait décrit une spirale de l'échec symbolisée par la phrase qui venait hanter l'avant-centre au moment où le ballon lui arrivait : « Si Dieu n'existe pas, qui est-ce qui sale la mer ? »

Les commentateurs ont toujours valorisé la confiance des buteurs qui frappent dans le ballon sans se poser de question. Si les autres se demandent effectivement qui est-ce qui sale la mer, on comprend mieux ce qui sépare les buteurs compulsifs des avants-centres malheureux.

Causerie

Le mythe de la causerie de l'entraîneur s'accorde au mythe de la transformation du joueur, qui enfilerait sa cape de super-héros après avoir entendu quelques mots de motivation juste avant le combat. Les joueurs sont dans le salon d'un Novotel de province où leur a été préparé un story-board avec quelques mots-clés, mais c'est parfois comme s'ils étaient dans les prés ravagés de la bataille d'Azincourt, où Henry V, par les mots de Shakespeare, donna l'une des plus grandes causeries de l'histoire et de la littérature. Avant les matches contre la France, certains capitaines de l'équipe d'Angleterre des années 90, dont le rugbyman Will Carling, montraient à leurs partenaires, pour les galvaniser, cette scène du film *Henry V*, avec Kenneth Branagh dans le rôle-titre.

Dans le lieu de résidence de l'équipe d'Angleterre, ils éteignaient la lumière, tiraient les rideaux, et appuyaient sur la touche lecture du magnétoscope. Ainsi parlait Henry V, comme un entraîneur, mais c'était peut-être l'inverse.

> « (…) si nous sommes destinés à mourir, nous sommes assez nombreux, et notre patrie perd assez en nous perdant ; si nous sommes destinés à vivre, moins nous serons de combattants, plus notre part de gloire sera riche. (…) Je te prie de ne pas souhaiter un Anglais de plus. (…) je ne voudrais pas, dans l'espérance dont mon cœur est plein, perdre de cette gloire, ce qu'il en faudrait seulement partager avec un homme de plus. (…) Celui qui survivra à cette journée, et retournera dans son pays, sautera de joie, quand on nommera cette fête, et s'enorgueillira au nom de Crépin. S'il voit un long âge, il fêtera tous les ans ses amis, la veille de ce grand jour, et il dira : C'est demain la Saint-Crépin : et alors il ôtera sa manche, et montrera ses cicatrices. (…) Et d'aujourd'hui à la fin des siècles, ce jour solennel ne passera jamais, qu'il n'y soit fait mention de nous ; de nous, petit nombre d'heureux, troupe de frères : car celui qui verse aujourd'hui son sang avec moi sera mon frère. »

Dans *L'Enfer du dimanche*, le film d'Oliver Stone consacré au football américain, Al Pacino est un entraîneur, dans son vestiaire, juste avant le match décisif. Il est un général ou un roi au milieu de ses troupes, dans les minutes qui précèdent l'assaut. Le discours est inspiré d'une causerie d'un véritable coach de football américain, Marty Schottenheimer. La scène filmée nerveusement par Oliver Stone dit le mimétisme des leviers de transcendance avant le combat, par la rhétorique.

> « Je ne sais pas quoi vous dire en fait. Trois minutes avant le plus grand combat de nos carrières.
> Tout se joue aujourd'hui. Soit nous guérissons en tant qu'équipe, soit nous nous écroulons, centimètre après centimètre, jeu après jeu, jusqu'à la fin…
> Nous sommes en enfer, messieurs. Croyez-moi. Nous pouvons y rester, nous faire massacrer… Ou nous pouvons nous battre et revenir dans la lumière. Nous pouvons remonter de l'enfer centimètre par centimètre. Je ne peux pas le faire à votre place. Je suis trop vieux. Je regarde autour de moi, je vois ces jeunes visages et je me dis que j'ai fait tous les mauvais choix qu'un homme d'âge mûr peut faire. Croyez-le ou non,

j'ai claqué tout mon fric. J'ai fait fuir tous ceux qui m'ont aimé.
Ces jours-ci, je ne peux plus me regarder dans la glace… Quand on vieillit, certaines choses vous sont enlevées. Ça fait partie de la vie. Mais on n'apprend ça que quand on commence à perdre des choses. On apprend que la vie se joue centimètre par centimètre. Le football aussi. Dans les deux jeux, la vie ou le football, la marge d'erreur est très mince. Un demi-pas trop tard ou trop tôt, et on n'y arrive pas tout à fait. Une demi-seconde avant ou après, et on n'attrape pas tout à fait. Ces centimètres que nous voulons sont partout autour de nous.
Dans chaque phase de jeu, à chaque minute, à chaque seconde. Dans cette équipe, on lutte pour chaque centimètre. Dans cette équipe, on se déchire et on déchire tout le monde autour pour chaque centimètre. On griffe de nos ongles pour chaque centimètre. Parce qu'on sait qu'à la fin le total de tous ces centimètres fera la putain de différence entre gagner et perdre ! Entre vivre et mourir !
Je vais vous dire : dans tout combat, c'est celui qui est prêt à mourir qui gagnera ce dernier centimètre. Et si j'ai encore un peu de vie, c'est que je veux encore lutter et mourir pour ce centimètre.

> Parce que vivre, c'est ça ! Ces quinze centimètres devant vous ! Je ne peux pas vous y forcer ! Regardez ce type à côté de vous ! Regardez-le dans les yeux ! Vous verrez un type qui foncera avec vous. Vous verrez un type qui se sacrifiera pour l'équipe parce qu'il sait que le moment venu,vous en ferez autant pour lui... C'est ça une équipe, messieurs. Soit nous guérissons, maintenant, en équipe... Soit nous mourrons, en individus. C'est ça le football, les gars. Rien de plus. Eh bien, qu'allez-vous faire ? »

Là-dessus, la musique hollywoodienne, les cris, l'émotion et l'adrénaline. Cela leur fait un effet fou, dans le bus, aux footballeurs amateurs à qui leur entraîneur passe la scène deux fois par an pour les préparer au grand match qui les attend de l'autre côté du département. L'image grésille un peu sur la télé accrochée au plafonnier vers le chauffeur, et ceux qui sont tout au fond voient Al Pacino en tout petit. Depuis la nuit des temps, un entraîneur cherche les mots pour définir son équipe et la mobiliser et il y a peut-être mieux que Shakespeare et Al Pacino. Mais ce n'est pas sûr.

Intersaison
(mesure du temps)

Le football a du mal avec les années civiles, il ne parvient jamais à ranger ses souvenirs dans cette case. Les supporters comptent en saisons, de l'été au printemps, inlassablement. L'année dernière, ce n'est pas 2020, mais 2019-2020, du premier match au dernier. Nous ne sommes pas les seuls, et partageons ce découpage du temps avec l'école : on dit l'année scolaire et la saison de football, pour désigner exactement la même période. Il ne faut donc pas s'étonner que l'on se perde, un peu, et que l'on ait fini par choisir ce qui se terminait sur une bonne note pour le plus grand monde. Mais notre manière de mesurer le temps qui passe nous donne deux fois plus de repères, au fond : nous nous souvenons très bien nous être mariés en juillet 1983, à la fin de la saison 1982-1983.

Intersaison (mesure de l'ennui)

La vie est mal faite. Nous passons notre temps à nous réjouir des vacances d'été et à redouter celles qu'ose prendre le football. Il est possible, d'ailleurs, que l'on arrête de travailler pour se consoler de la disparition des matches sur nos télés, même si la multiplication des compétitions gagne doucement du territoire et nous aide de mieux en mieux à traverser ces jours et ces nuits de tristesse et de désœuvrement. C'est une période pour nous sans boussole ni week-ends, une période qui laisse les jours se mélanger. C'est un tunnel qui commence le dernier match de la saison, généralement fin mai-début juin, qui s'achève avec la reprise des championnats nationaux au mois d'août, et dont on ne s'extrait que pour deux raisons majeures : d'abord, les années paires, l'organisation de l'Euro et de la Coupe du monde, qui donnent une autre allure à nos mois de juin, en nous faisant glisser d'une logique clanique à un élan national, de la vie du club au moral du pays, selon les résultats de l'équipe de France, tout en remplissant son office qui consiste aussi à remplir nos soirées, du moins quand nous cherchons un prétexte à prendre l'apéro en terrasse à heure fixe ; ensuite, la publication des calendriers de la saison suivante. Deux ou trois jours à l'avance, nous avons ouvert notre agenda à la page du mois d'août, et ce n'est pas pour inscrire des rendez-vous de boulot ou des courses à faire. Le calendrier va être publié, enfin, et nous l'envisageons vaguement par son versant sportif, cherchant à isoler la période de l'année la plus décisive ou à évaluer la difficulté des enchaînements. La vérité est que ce calendrier ressemble à un menu chez Bocuse, il marque le commencement du plaisir, dit ce que sera l'été, comment nous supporterons l'automne et traverserons l'hiver, ainsi que l'impatience que nous aurons du printemps. Nous connaîtrons par cœur, en quelques secondes, les dates des derbies et des matches face au PSG, nous saurons si le mois d'août sera une tournée des plages ou une visite des villes ralenties par les congés payés, et nous aurons ce qui est difficile à obtenir, une vision de notre vie à venir, sous l'effet magique de l'aléatoire. Enfin, presque, nous savons tous que le grand ordinateur de la Ligue de football professionnel introduit dans son logiciel les doléances de tous pour tenter de satisfaire le plus grand nombre. Nous savons, ainsi, que le FC Metz demande toujours à ne pas jouer à domicile pendant la Fête de la mirabelle. On en oublie toujours la date, mais en regardant le calendrier de la saison, on sait au moins quand elle n'a pas lieu.

Intersaison
(transferts)

C'est le moment des plans sur la comète et des châteaux en Espagne, dont les prix sont variables. C'est le moment où il n'y a ni premier ni dernier, seulement des favoris et des inquiets, des très riches qui vont dépenser n'importe comment et des pauvres qui vont risquer de l'argent qu'ils n'ont pas, parce que les saisons de football se gagnent avant que les matches commencent, et que la meilleure manière de modifier son destin sportif est de réussir son recrutement. *A contrario*, évidemment, la meilleure manière de disparaître de la carte est de le manquer.

Il fut un temps où le bonheur de l'intersaison commençait en sortant de la maison de la presse de nos lieux de villégiature, *L'Équipe* et *France Football* sous le bras, à la recherche du moindre écho, parfois trois lignes dans un coin de page, qui citerait le nom d'un nouveau joueur visé par notre club favori. Avec le vent et le sable, sur la plage, il fallait déplier puis replier le grand format sans rien perdre au passage, sans être obligé de bondir (on se comprend) pour aller récupérer la page du milieu qui avait échoué à trente mètres de là sur un parasol. Aujourd'hui, nous sortons de la Maison de la presse pareillement équipés pour la journée, mais nous ne lisons plus pour la surprise, plutôt pour la confirmation et l'analyse, et pour avoir une réponse à cette question que nous nous posons à chaque minute de la période des transferts : est-ce que Sol Hansen va vraiment rejoindre son frère Tooth Hansen ? Mais désormais le terrain de l'information a été déblayé en amont, nous avons rafraîchi trois fois par heure la page transferts du site numérique de *L'Équipe* et de certains de ses confrères, les rumeurs nourrissent nos discussions quotidiennes, et c'est une étape fondamentale du plaisir de la vie de supporters, peut-être le seul plaisir sans nuages, puisque sans match et donc sans contradiction.

Nous intégrons les rumeurs à la construction mentale de notre équipe idéale à venir, et nous sommes toujours réalistes, nous n'imaginons pas que Messi va signer dans l'été à Bourg-en-Bresse et que le chapon aux morilles portera un coup fatal à l'image mondiale de la viande argentine. Nous voulons une part de rêve, un nom légèrement au-dessus de nos moyens et de notre statut, pour entretenir l'illusion d'un nouveau départ ou d'une saison différente des autres, mais nous réclamons également un recrutement rationnel qui puisse établir la vision de nos dirigeants.

Un pied sur la terre ferme, un autre dans les nuages : voilà, c'est l'été. Il annonce un espoir sans précédent qu'il ne faudra pas regretter : même chez Aznavour, les paris du mois d'août sont balayés par septembre.

Intersaison
(autre vie)

L'intersaison est un horizon qui s'ouvre, sans qu'il soit aisé de déterminer la part des beaux jours et du désœuvrement. Soudain, il y a Wimbledon, le Tour de France, le British Open de golf, les meetings d'athlétisme, les bains de mer, les barbecues au soleil, les verres en terrasse ombragée, les livres que l'on peut commencer de lire le soir avant 22 h 45, les séries dont on avait dressé la liste pour rattraper un temps mieux rempli que perdu, les heures contemplatives, les longues marches dans les villes désertes, le cinéma sans avoir à regarder quel match tombe en même temps que la séance. Selon certaines rumeurs, cela ne s'appellerait pas l'intersaison, mais les vacances.

Retraite (âge)

Le football ne sait pas exactement ce qu'est la retraite à soixante ans, ni même à soixante-cinq ans. Le footballeur professionnel se préoccupe difficilement de ses trimestres alors que sa carrière dure cinq années en moyenne, et qu'il a ce temps pour réaliser les économies d'une vie. Parfois, il réussit dans son entreprise au-delà de ses rêves, et s'occupe de nombreuses autres vies et de plusieurs générations.

La retraite du footballeur a longtemps été fixée aux abords de la trentaine et de la Méditerranée.

Retraite
(Bérézina)

La presse sportive a beaucoup utilisé l'image de la Bérézina, disons jusqu'à ce que le doute naisse sur la compréhension de cette référence par le lecteur. Évidemment, ledit lecteur aurait pu objecter, en son temps, que cette retraite avait été réussie, que la construction de deux ponts dans un hiver glacé pour sauver deux tiers d'une troupe en déroute avait presque ressemblé à une victoire. Mais la vérité comptait moins que l'idée qui s'attachait à la référence. Il suffisait d'écrire ou de dire que cela avait été la Bérézina, et chacun comprenait dans l'instant qu'une équipe française venait de perdre un match dans une ville lointaine de l'Europe, généralement à l'est, où les tribunes du stade avaient été remplies par des milliers de militaires en uniforme, où l'arbitrage avait été défavorable, où la pelouse n'était pas vraiment verte, où l'adversaire semblait bien mieux préparé aux conditions, et où il faisait très froid. D'ailleurs, Patrick Rambaud avait raison : *Il neigeait.*

Table

DU MÊME AUTEUR

Les Cinquante Glorieuses du football français
(avec Gérard Ejnès)
Solar, 2001

Les Cinquante Glorieuses de la Coupe du monde
(avec Gérard Ejnès)
Solar, 2001

Les Stars du Mondial 2002
(avec Gérard Ejnès)
Solar, 2001

Capitaines des Bleus depuis 1904
Solar, 2003

Les rois de l'Euro 2004
Solar, 2004

La Grande Histoire de l'OL
Des origines à nos jours
Prolongations, 2007

L'Affaire Jacquet
Je ne pardonnerai jamais
Prolongations, 2008

Cinquante héros pour le mondial 2010
Solar, 2009 et 2010

Le Livre noir des Bleus
Robert Laffont, 2010

Petit dictionnaire énervé du foot
L'Opportun, 2010

Cinquante héros pour le mondial 2012
Solar, 2011

Le Phénomène Pastore
Solar, 2012

Football management
Deschamps, Mourinho, Ancelotti, Wenger...
Comment les meilleurs dirigent leur équipe
Eyrolles, 2013

Cinquante héros pour le mondial 2014
Solar, 2013

Petites et grandes histoires de la Coupe du monde
Robert Laffont, 2014

Le Cinquième Beatles
Stock, 2014
Réédité sous le titre
George Best, le cinquième Beatles
« Arthaud poche », 2018

2016, cinquante héros de l'Euro
Solar, 2015

Un printemps 76
Stock, 2016

Au cœur des Bleus
Les sélectionneurs de l'équipe de France racontent
Stock, 2016

Cinquante héros pour le Mondial 2018
Solar, 2017

Kornelia
Stock, 2018
et « Le Livre de poche », n° 35980

Éloge des coiffeurs
L'Équipe de France vue du banc
Marabout, 2018

Enfants de la balle
De l'enfance à l'équipe de France
L'Incroyable Destin des champions du monde
Larousse, 2019

Cinquante héros pour l'Euro 2020
Solar, 2019

Carole & Clark
Stock, 2021

RÉALISATION : NORD COMPO À VILLENEUVE-D'ASCQ
IMPRESSION : CPI FRANCE
DÉPÔT LÉGAL : JUIN 2021. N° 144312 (3038533)
IMPRIMÉ EN FRANCE